Leguane

faszinierend & exotisch

> Autor: **Harald Jes** | Fotos: **Christine Steimer**

Inhalt

Kennenlern-Programm

Leguane in unserer Hand

Steht ein Mensch erstmals einem Leguan gegenüber, zum Beispiel im Zoo, und ist dieser dann auch noch ein erwachsenes Männchen, das in seinem Terrarium mit dem Kopf nickend imponiert und ein Weibchen anbalzt oder aber hochbeinig schreitend, mit abgeplatteter Breitseite und aufgestelltem Kehllappen einen Rivalen drohend umkreist, wird der erste Gedanke sein: ein Saurier! Dieser Gedanke ist gar nicht so absurd, waren doch die ersten vor etwa 260 Millionen Jahren in der oberen Steinkohlenzeit lebenden Echsen die frühesten Vorfahren der heutigen Reptilien. Fast alle Saurier starben dann im Tertiär vor etwa 60 Millionen Jahren aus, nur die frühen Schildkröten, Panzerechsen und Brückenechsen überlebten in den tropischen Zonen unserer Erde. Erst danach entstanden die heute lebenden, etwa 6000 Reptilienarten. Zu ihnen gehören auch die hier genannten zwölf Arten der Familie Leguane (*Iguanidae*), die insgesamt etwa 700 Arten umfasst. Die zwölf Arten sind in dem eigentlichen Verbreitungsgebiet der neuweltlichen Leguane – Nord-, Mittel- und Südamerika und auf Inseln im Golf von Mexiko – beheimatet. Als Ausnahme von der Regel gibt es verschwindend wenige auf Madagaskar und den Fidschi-Inseln.

Ein bisschen Systematik

Die Familie der Leguane, *Iguanidae*, zählt zur Ordnung *Squamata*, den Schuppenkriechtieren, und diese zur Klasse *Reptilia*. Zur Familie *Iguanidae* gehören neben weiteren auch die hier genannten Gattungen *Anolis*, *Basiliscus*, *Dipsosaurus*, *Leiocephalus*, *Sauromalus* und *Sceloporus*. Während die Gattung *Iguana* nur eine Art aufweist, sind es bei *Anolis* mehr als 300. Die Arten können

Mancher Grüne Leguan wird so zutraulich. Wegen der Krallen sollten Sie die Tiere aber nur mit derber Jacke tragen.

außerdem noch in Unterarten aufgeteilt sein, die Art *Anolis carolinensis* etwa in *A. carolinensis carolinensis* und *A. carolinensis seminolus*.

Wo sie leben

Wald bewohnende Leguane:

➤ In tropischen Regenwäldern leben viele Leguane, sowohl in dem verhältnismäßig beständigen Klimabereich des Tieflands, als auch in den nebelfeuchten Wäldern der Berge, den bis in 2500 Meter Höhe vorkommenden Montanwäldern. Dort sind sie im Verlauf von 24 Stunden auch erheblichen Temperaturschwankungen ausgesetzt.

➤ In lichten Tropenwäldern sind andere Arten zu Hause. Dort wirken sich Schwankungen von Temperatur und Feuchtigkeit stärker aus.

➤ In Bergwäldern bis 3000 Meter Höhe oder vom Äquator weiter entfernt leben wieder andere Arten. Sie legen kurzfristige Ruhephasen ein. Die Wald bewohnenden Leguane besiedeln aber dort nicht alle Bereiche. Sie leben entweder am Boden, in bodennahen Büschen, an den Baumstämmen oder in den Kronen der Bäume. Das heißt, eine Art nutzt nie alle

Sind Sie ein Leguan-Mensch?

	Ja	Nein
1. Leguane sind keine Kuscheltiere, können auch Sie damit leben?	☐	☐
2. Leguane benötigen relativ große Terrarien. Haben Sie genügend Platz dafür?	☐	☐
3. Ist jeder in Ihrer Familie mit der Anschaffung eines Minidrachens einverstanden?	☐	☐
4. Leguane fressen nicht viel, aber die Beschaffung der Nahrung ist aufwändig. Sind Sie bereit, Zeit und Geld zu investieren?	☐	☐
5. Einige Arten fressen vorzugsweise lebende Beutetiere. Können Sie die verfüttern?	☐	☐
6. Leguane kommen aus den Tropen. Sie brauchen spezielle Temperaturen und Luftfeuchte. Können Sie die nötige Technik bereitstellen?	☐	☐
7. Trotz aller Sorgfalt können die Echsen erkranken. Sind Sie bereit, den Tierarzt zu bezahlen?	☐	☐

Auswertung: Haben Sie alle Fragen mit Ja beantwortet, sind Sie der richtige Typ für Leguane. Schon bei 2 mit Nein beantworteten Fragen sollten Sie sich überlegen, ob ein anderes Heimtier für Sie nicht geeigneter wäre.

Regionen der bis zu 40 Meter reichenden vertikalen Ausdehnung für sich aus.

Leguane der Trockengebiete: Viele Arten leben in den Trockengebieten des nordamerikanischen Westens, wo es während der lichtärmeren, kühleren Jahreszeit gleichfalls zu Ruhephasen kommt. Ähnliches geschieht auch in Mittel- und Südamerika, wo Leguane in großen Höhen vorkommen, in den Anden zum Beispiel auf den kargen Hochebenen bis auf fast 3500 Meter. Bei weitem nicht überall gleichen derartige Ruhephasen einer Winterruhe der mitteleuropäischen Reptilien. Es sind vielmehr Zeiten mit unterschiedlich reduzierter Aktivität. Zwischen allen genannten Lebensräumen (Habitaten) bestehen natürlich fließende Übergänge,

denn sie sind ja nicht am Reißbrett entstanden. Nur wenige andere Reptilien haben so unterschiedliche Lebensräume erobern können, was für die Vitalität der Leguanfamilie spricht.

Wie sie leben

Zwei Leguane seien hier als Beispiele für besondere An-

> *Männchen des Malachit-Stachelleguans, Bewohner des Nebelwaldes.*

passung an extreme Lebensräume genannt.

➤ Chuckwalla sind in den felsigen Trockengebieten des nördlichen Mexiko und der südwestlichen USA beheimatet. Schatten finden sie in tiefen, senkrechten Felsspalten, die ihnen auch Schutz vor Feinden bieten. Bei Gefahr nehmen sie so viel Luft in den Lungen auf, dass der ballonartig geblähte Leib im Spalt fest verkeilt ist.

➤ Im Pazifischen Ozean leben auf den Südamerika vorgelagerten Galapagos-Inseln Meerechsen. Die stattlichen, kompakten Echsen liegen in großen Scharen auf den Lavaklippen des Archipels, von denen sie sich ins Meer stürzen, um tauchend Seetang abzuweiden. Anpassung und Bindung an den Lebensraum gehen so weit, dass eine wirklich erfolgreiche Haltung der Meerechsen in menschlicher Obhut bisher noch nicht möglich war.

Der Körperbau

Es verwundert nicht, dass sich bei der Vielfalt der Lebensräume auch eine ebensolche bei den Formen entwickelt hat. Die GL-Endgrößen liegen zwischen zehn und 200 Zentimetern, die Körpergewichte zwischen wenigen Gramm und mehreren Kilogramm. Während für die großen Arten Altersnachweise von mehr als 30 Jahren bekannt sind, weiß man auch, dass die Lebenserwartung der kleinen, agilen Arten kaum länger als zwei Jahre ist.

Körperanhänge: Auffallend sind an Kopf, Rücken oder Schwanz unterschiedliche Helme, Hautsegel oder Kämme, die häufig nur die Männchen zieren. Die häutigen Helme männlicher Basilisken werden von Knochenzapfen

---

TIPP

Leguane optimal pflegen

Dazu ist es für den Terrarianer außerordentlich wichtig, dass er

➤ sich über ihre Herkunft und die so unterschiedlichen Ansprüche informiert – und zwar vor der Anschaffung.

➤ Tiere sehr verschiedener Klimazonen nicht zusammen in einem Terrarium hält.

➤ weitgehend auf die gemeinsame Haltung verschiedener Arten verzichtet. Sie können nämlich nicht miteinander kommunizieren, weil die artspezifischen Verhaltensweisen des anderen nicht verstanden werden.

gestützt, ebenso die auffälligen Hautsegel auf Rücken und Schwanz. Wenn sie dann mit abgeplatteter Breitseite einem Rivalen drohen, wird ihr Erscheinungsbild durch das Hautsegel beeindruckend vergrößert. Nicht selten verlässt der Eindringling kampflos das Revier. Der Kehllappen ist beim Grünen Leguan und vielen Anolis bei beiden Geschlechtern vorhanden. Während man ihn jedoch beim Grünen Leguan immer sieht, ist er bei den Anolis in einer Kehlfalte verborgen. Bei den Männchen ist der Lappen deutlich größer. Er wird beim Imponieren durch eine Knochenspange des Zungenbeins aufgestellt. Bei den Anolis ist die Signalwirkung dann besonders eindrucksvoll, weil ihre Körperfarben wenig auffällig sind.

Die Gliedmaßen Boden bewohnender Leguane sind relativ kurz und kräftig, die Baum bewohnender Arten zartgliedriger; bei ihnen sind die ungleich angeordneten Zehen extrem lang. Bei der schnellen Flucht eilen die Basilisken vorn aufgerichtet nur auf den Hinterbeinen davon. In dieser Stellung ist es ihnen sogar möglich, in

> *Stachelleguane wollen mit lebenden Insekten gefüttert werden.*

schnellem Tempo über eine Wasserfläche zu laufen; Hautsäume an den Zehen ermöglichen das. Alle Leguane tragen Krallen an Fingern und Zehen; besonders lang und scharf sind sie bei den auf Bäumen lebenden Arten. Eine Besonderheit sind quer verlaufende Lamellen an den mittleren Finger- und Zehengliedern der Anolis. Diese Haftlamellen, die ähnlich auch die Geckos haben, sind mit Millionen feiner Hakenzellen versehen, die eine Haftung auf glatten Blattflächen ermöglichen (→ Seite 17).

CHECKLISTE

Wichtige Begriffe

Die folgenden Abkürzungen begegnen Ihnen im Umgang mit Leguanen immer wieder:

✔ **Zahlenkombinationen:**
Damit wird das Geschlecht der Tiere benannt. Links vom Komma steht die Anzahl der Männchen, rechts die der Weibchen. Es bedeuten z. B. 1,1 ein Paar, 0,2 zwei Weibchen oder 1,X ein Männchen und mehrere Weibchen.

✔ **Abkürzungen:**
GL = Gesamtlänge vom Kopf bis zur Schwanzspitze.
KRL = Kopf-Rumpf-Länge (dies ist die eigentlich Raum bestimmende Größe).

✔ **Fachbegriffe:**
Adult = erwachsenes Tier.
Juvenil = jugendliches Tier.

Grüner Leguan
Iguana iguana (2 Unterarten)

Schutzstatus: WA II, EG Anhang B (→ Seite 41).
Größe: GL 150 cm, KRL 50 cm.
Verbreitung: Zentralmittelamerika, südlich bis mittleres Südamerika, Kleine Antillen.
Natürlicher Lebensraum: Regen- und lichtere Tropenwälder des Tieflands, immer in der Nähe von Gewässern.
Verhalten: Baumbewohner, im lockeren Verband. Im Terrarium adult nur 1,X. Badet gern.
Haltung: Waldterrarium, 250 x 150 x 200 cm. Sonst wie Stirnlappenbasilisk (→ rechts), aber ohne Pflanzen.
Nahrung: Täglich Blätter, Gemüse, wenig Obst. Juvenil und tragende 0,1 einmal wöchentlich Insekten oder Mäuse.
Geschlecht: 1,0 Schädel massiger, Kehllappen größer, Nacken- und Rückenkamm höher, Femoralporen größer, Schwanzwurzel verdickt.

Stirnlappenbasilisk
Basiliscus plumifrons

Größe: GL 75 cm, KRL 20 cm.
Verbreitung: Südliches Mittelamerika.
Natürlicher Lebensraum: Tropischer Regenwald, immer in der Nähe von Gewässern.
Verhalten: Wie Streifenbasilisk (→ rechts).
Haltung: Regenwaldterrarium, 150 x 80 x 150 cm, mit Borken, Ästen, Stubben, Wasserbecken, Walderde, Boden- und Kletterpflanzen, Epiphyten. Tags 25–30 °C, lokal bis 35 °C, nachts 20–25 °C. Relative Luftfeuchtigkeit 60–85 %, nachts bis 100 %.
Nahrung: Insekten, einmal wöchentlich auch Regenwürmer, kleine Fische, junge Mäuse, gelegentlich Blattnahrung, Blüten, Obst.
Geschlecht: 1,0 zweizipfeliger Kopflappen (0,1 nur einzipfelig und klein), Rücken- und Schwanzkamm, Schwanzwurzel verdickt.

Streifenbasilisk
Basiliscus vittatus

Größe: GL 70 cm, KRL 16 cm.
Verbreitung: Mittleres und südliches Mittelamerika, eingeschleppt im Südosten Nordamerikas.
Natürlicher Lebensraum: Tropische Regen- und Savannenwälder, Mangrovensümpfe, Kulturlandschaften, auch Siedlungen. Immer in der Nähe von Gewässern, bis 1500 m Höhe.
Verhalten: Baumbewohner, juvenil auch Strauch- und Bodenbewohner; flüchtet stets nach oben. Im lockeren Verband lebend, im Terrarium nur 1,X. Badet gern und läuft zweibeinig über das Wasser.
Haltung: Wie Stirnlappenbasilisk (→ links).
Nahrung: Wie Stirnlappenbasilisk (→ links).
Geschlecht: 1,0 Kopflappen, niedriger Rücken- und Schwanzkamm, Schwanzwurzel verdickt.

Ritteranolis
Anolis equestris (10 Unterarten)

Größe: GL 45 cm, KRL 16 cm.
Verbreitung: Kuba, im Südosten Nordamerikas eingeschleppt.
Natürlicher Lebensraum: Tropenwälder.
Verhalten: Im lockeren Verband vorkommend. Im Terrarium adult immer nur 1,X.
Haltung: Regenwaldterrarium, 120 x 60 x 100 cm; Äste, Stubben, Walderde, Boden- und Kletterpflanzen, Epiphyten. Tags 25–30 °C, nachts 20–25 °C. Je nach Herkunft Pseudo-Winterruhe 1–2 Monate. Relative Luftfeuchtigkeit 70–90 %.
Nahrung: Insekten; frisst oft zögernd, daher von der Pinzette füttern. Trinkwasser versprühen.
Geschlecht: 1,0 Kehllappen nur wenig größer, Schädel massiger, Schwanzwurzel verdickt.

Brauner Anolis
Anolis sagrei (5 Unterarten)

Größe: GL 17 cm, KRL 6 cm.
Verbreitung: Ursprünglich Kuba und andere Westindische Inseln; eingeschleppt im Südosten Nordamerikas und Osten Mittelamerikas.
Natürlicher Lebensraum: Lichte Wälder, Kulturlandschaften, auch in der Nähe menschlicher Siedlungen.
Verhalten: Im lockeren Verband vorkommend; im Terrarium adult immer nur 1,X.
Haltung: Regenwaldterrarium, 60 x 50 x 50 cm; Äste, Stubben, Walderde, Kletterpflanzen, Epiphyten. Tags 25–30 °C, nachts 18–23 °C. Je nach Herkunft Pseudo-Winterruhe 1–2 Monate. Relative Luftfeuchtigkeit 50–80 %.
Nahrung: Insekten. Trinkwasser versprühen.
Geschlecht: 1,0 Kehllappen größer, Schwanzwurzel verdickt; 0,1 mit heller Rückenlinie von Nacken bis Schwanz.

Rotkehlanolis
Anolis carolinensis (2 Unterarten)

Größe: GL 20 cm, KRL 6 cm.
Verbreitung: Südliches Nordamerika.
Natürlicher Lebensraum: Lichte Wälder, Kulturlandschaften, auch in der Nähe menschlicher Siedlungen.
Verhalten: Im lockeren Verband lebend. Im Terrarium immer nur 1,X. Je nach Stimmung wechselt die Farbe grün und braun, wird deshalb auch »Amerikanisches Chamäleon« genannt.
Haltung: Tropenwaldterrarium 60 x 50 x 50 cm; Äste, Stubben, Walderde, Kletterpflanzen, Epiphyten. Tags 25–30 °C, nachts 18–23 °C. Pseudo-Winterruhe ca. 2 Monate. Relative Luftfeuchtigkeit 50–80 %.
Nahrung: Insekten. Trinkwasser versprühen.
Geschlecht: 1,0 Kehllappen, Schwanzwurzel verdickt.

Malachit-Stachelleguan
Sceloporus malachiticus

Größe: GL 20 cm, KRL 9 cm.
Verbreitung: Südliches Mittelamerika.
Natürlicher Lebensraum: Tropischer Nebelwald, bis 2000 m Höhe.
Verhalten: Baumbewohner, nur gelegentlich am Boden; in kleinen Gruppen lebend. Im Terrarium nur 1,X.
Haltung: Regenwaldterrarium, 80 x 50 x 60 cm; Felsen und Borken, Äste, Stubben, Walderde, Bodengewächse, Epiphyten. Tags 25–30 °C, lokal bis 40 °C, nachts 15–20 °C. Relative Luftfeuchtigkeit 60–80 %, nachts bis 100 %.
Nahrung: Insekten. Trinkwasser versprühen.
Geschlecht: 1,0 Schwanzwurzel verdickt, Femoralporen deutlich größer, Kopf und Rücken oben grün, Kehle, Bauch und Schwanz türkisblau.

Gebänderter Stachelleguan
Sceloporus poinsetti
(3 Unterarten)

Größe: GL 26 cm, KRL 12 cm.
Verbreitung: Südwestliches Nordamerika bis mittleres Mexiko.
Natürlicher Lebensraum: Felsiger Grund in Gebirgswäldern und Steppen, bis fast 3000 m Höhe.
Verhalten: In kleinen Gruppen lebend. 1,0 auf Vorzugsplatz.
Haltung: Trockenterrarium, 120 x 60 x 60 cm, zerklüftete Felskulisse, Stubben, Geröll und Sand, nicht ganz trocken; sukkulente Pflanzen. Tags 25–30 °C, lokal bis 40 °C, nachts 15 °C. Pseudo-Winterruhe ca. 2 Monate. Relative Luftfeuchtigkeit 50–70 %.
Nahrung: Insekten, Blattnahrung. Trinkwasser versprühen.
Geschlecht: 1,0 Schwanzwurzel verdickt, Femoralporen größer, Postanalschuppen, Kehle blau, an den Flanken ein blauer Fleck mit schwarzem Rand.

Maskenleguan
Leiocephalus personatus
(mehrere Unterarten)

Größe: GL 25 cm, KRL 12 cm.
Verbreitung: Haiti.
Natürlicher Lebensraum: Kakteensteppen, am Rand lichter Savannenwälder.
Verhalten: In kleinen Gruppen vorkommend, flüchten in Erdhöhlen. Fühlen sie sich bedroht, wird der Schwanz aufgeregt bewegt, möglicherweise ein Verhalten der Ablenkung.
Haltung: Trockenterrarium, 80 x 50 x 40 cm, wenige Dolomitsteine, Kakteenskelette, feuchte Erdhöhlen mit lehmigem Sand, sukkulente Pflanzen. Tags 25–30 °C, lokal bis 35 °C, nachts 20 °C. Relative Luftfeuchtigkeit 50–80 %.
Nahrung: Insekten, gelegentlich Blattnahrung und Blüten. Trinkwasser versprühen.
Geschlecht: 1,0 Schwanzwurzel verdickt, Farben intensiver. Kamm aus vergrößerten, stark gekielten Schuppen.

 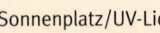

Glattkopfleguan
Leiocephalus schreibersii

 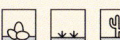

Größe: GL 20 cm, KRL 10 cm.
Verbreitung: Haiti.
Natürlicher Lebensraum:
Wüste, Buschsteppe.
Verhalten: In kleinen Gruppen
lebend, flüchten in Erdhöhlen.
Tragen den Schwanz beim Laufen nach oben gekrümmt.
Haltung: Trockenterrarium,
80 x 50 x 40 cm, wenige Dolomitsteine, Kakteenskelette,
trockener Sand, feuchte Erdhöhlen mit lehmigem Sand,
trockenes Gebüsch, Trockengräser. Tags 25–30 °C, lokal bis
38 °C, nachts 20 °C. Relative
Luftfeuchtigkeit 50–70 %.
Nahrung: Insekten, gelegentlich Blattnahrung und Blüten.
Trinkwasser versprühen.
Geschlecht: 1,0 Schwanzwurzel verdickt, Postanalschuppen, bläuliche Kehle. Rücken-
und Schwanzkamm aus ver-
größerten, gekielten Schuppen, aber niedriger als beim
Maskenleguan.

Wüstenleguan
Dipsosaurus dorsalis

Größe: GL 38 cm, KRL 13 cm.
Verbreitung: Südwestliches
Nordamerika, nordwestliches
Mittelamerika.
Natürlicher Lebensraum: Wüs-
ten und Dornbuschsteppen.
Verhalten: In kleinen Gruppen
lebend; dominantes 1,0 auf
Vorzugsplatz, verhalten sich
besonders territorial.
Haltung: Trockenterrarium,
100 x 50 x 50 cm, Steinkulisse
mit Verstecken und feuchten
Erdhöhlen, Geröll und Sand,
Kakteenskelette, trockenes
Gebüsch, Trockengräser. Tags
27–35 °C, lokal bis 45 °C,
nachts 15–20 °C. Pseudo-Winterruhe ca. 3 Monate. Relative
Luftfeuchtigkeit 30–70 %.
Nahrung: Blattnahrung, Blüten, gelegentlich Obst; einmal
wöchentlich Insekten. Trinkwasser versprühen.
Geschlecht: 1,0 Schwanzwurzel verdickt. Femoralporen
größer.

Chuckwalla
Sauromalus obesus

Größe: GL 40 cm, KRL 20 cm.
Verbreitung: Wie Wüstenle-
guan (→ links).
Natürlicher Lebensraum: Fels-
massive mit tiefen Spalten.
Verhalten: Im lockeren Verband lebend. Flüchten in Felsspalten.
Haltung: Trockenterrarium,
160 x 60 x 60 cm, Kulisse mit
Spalten aus verwittertem
Gestein, ebenso am Boden,
dazwischen Sand. Tags 27–
35 °C, lokal bis 45 °C, nachts
15–20 °C. Pseudo-Winterruhe
ca. 3 Monate. Relative Luftfeuchtigkeit 30–70 %.
Nahrung: Blattnahrung, Blüten, selten Früchte. Juvenil und
tragende 0,1 einmal wöchentlich Insekten, junge Mäuse.
Trinkwasser versprühen.
Geschlecht: 1,0 Femoralporen
deutlich größer, Schwanzwurzel verdickt, vordere Hälfte
schwarz oder dunkelbraun, der
Rest heller.

Anatomie und Verhalten

Anders als die uns näher stehenden Säugetiere sind Leguane nicht behaart und schon deshalb keine Kuscheltiere. **Die Haut** der Reptilien ist ausgesprochen drüsenarm und unterschiedlich stark verhornt. Diese meistens sehr stabile Körperbedeckung ist

> Leguane wie der »Grüne« sind stets auf der Hut vor ihren Feinden.

nicht nur vorteilhaft, weil sie vor Verletzungen schützt, sondern auch ein Austrocknen weitgehend verhindert. Die Anordnung und Größe

der sehr verschieden geformten Hautschuppen und Schilder ist unterschiedlich und dient in der systematischen Zoologie auch zum Erkennen und Bestimmen der Artzugehörigkeit. Durch die Verhornung der Oberfläche würde aus der Haut ein lebloses Gebilde werden, wenn sich das Reptil nicht von Zeit zu Zeit häuten würde. Das Abstreifen der obersten Hautschicht, die Häutung, wird durch Hormone gesteuert und erfolgt auf verschiedene Weise. Bei Leguanen geht dies nie in einem Stück vor sich, sondern in Fetzen und zieht sich meist über mehrere Tage oder sogar Wochen hin (→ Seite 51).

Das Auge ist für die tagaktiven Leguane das wohl wichtigste Sinnesorgan. Es dient nicht allein dem Finden und gezielten Aufnehmen der Nahrung und dem Erkennen von Partnern oder Nebenbuhlern durch optische Signale. Vor allem die frühzeitige Wahrnehmung von Beutegreifern gewährleistet den Bestand der Art.

Mit der Zunge nehmen die Leguane Geschmacks- und Geruchsreize wahr. Viele testen für sie ungewohnte Nahrung leckend und gebrauchen die Zunge auch zur Aufnahme der Nahrung. Danach werden die Lippenschilder häufig mit der Zunge gerei-

1 Gebänderter Leguan, Männchen

Auf den Oberschenkeln sind bauchseits die Femoralporen zu erkennen. Je nach Jahres- und Paarungszeit verändert sich ihre Größe geringfügig. Unterhalb des Kloakenspalts fallen die vergrößerten Postanalschuppen auf, die aber nicht alle Männchen haben. Unterhalb der Kloake ruht der paarige Hemipenis in einer Tasche.

2 Gebänderter Leguan, Weibchen

Die Femoralporen des Weibchens sind kaum zu sehen, sie lassen sich erahnen, weil sie beim Männchen so auffällig sind. Die Postanalschuppen fehlen. Deutlich unterscheidet sich die Form des Kloakenspalts, hier fast gerade, beim Männchen leicht v-förmig. Die Schwanzwurzel ist etwas schlanker als beim Männchen.

nigt. Selbst beim Trinken geht es meist nicht ohne Zunge, denn Tau- und Wassertropfen werden aufgeleckt. Gegenseitiges Belecken der Schnauzenregion ist auch gelegentlich bei der Kontaktaufnahme von Tieren zu beobachten. **Die Körpertemperatur** können Reptilien und damit auch Leguane nicht konstant halten, wie es von Säugetieren und Vögeln bekannt ist. Sie wird von der Umgebungstemperatur beeinflusst. Man nennt Reptilien daher wechselwarme Tiere. Während der auch vom Tageslicht gesteuerten Aktivitätsphase suchen Leguane deshalb Plätze zum Sonnenbaden auf, um die teilweise schon ungewöhnlich hohen Vorzugstemperaturen zu erreichen. Damit diese nicht überschritten werden, weichen die Tiere zeitweilig in kühlere Bereiche aus.

In der Kloake enden die Öffnungen von Enddarm sowie der Harn- und Geschlechtsorgane. Dies ist ein durch beschuppte Häute verschlossener, spaltförmiger Hohlraum unterhalb der Schwanzwurzel. Das männliche Fortpflanzungsorgan, der paarige Hemipenis, ruht bauchseits in taschenförmigen Räumen des Schwanzes. Der Hemipenis kann arttypisch gefurcht oder mit Dornen und Widerhaken ausgebildet sein, um während der Begattung eine sichere Verbindung herzustellen. Anders als der Penis der Säugetiere ist der Hemipenis der Reptilien keine Röhre, sondern das Sperma gelangt über eine rinnenartige Furche in das Weibchen. Viele Reptilien können das Sperma nach einer Kopulation deponieren und damit dann mehrere Gelege befruchten.

Verhaltensdolmetscher
Leguane

Kennen Sie die Leguansprache? Hier erfahren Sie, was Ihr Pflegling mit seinem Verhalten ausdrücken möchte ❓ und wie Sie richtig darauf reagieren ➡.

> Ein Streifenbasilisk nimmt Wassertropfen auf.

❓ Nach dem täglichen Sprühen trinkt er, indem er die Tropfen mit der Zunge aufnimmt.
➡ Basilisken und Grüne Leguane trinken auch beim Baden, die anderen nur bei »Taufall«.

> Ein Stachelleguan gräbt im feuchten Sand.

❓ Vermutlich sucht er Kühle oder Feuchtigkeit für die Haut.
➡ Bieten Sie ihm eine schützende Höhle mit Feuchtigkeit speicherndem Substrat.

Ein Pärchen Malachit-Stachelleguane in der »Sonne«.

? Sonnenplätze sind für alle Leguane wichtig, um den Stoffwechsel zu gewährleisten.

➡ Im Terrarium müssen alle Tiere einer Gruppe Zugang zu einem solchen haben.

Ein Grüner Leguan imponiert mit vorn hochgestelltem Rumpf und aufgestelltem Kehllappen. Zusätzlich nickt er rhythmisch und schüttelt den Kopf.

? Er wirbt so um ein Weibchen oder droht einem Nebenbuhler.

➡ Lassen Sie ihn gewähren, aber beobachten Sie ihn.

Ein Rotkehlanolis klettert an einer Glasscheibe.

? Die Haftlamellen der Zehen machen es möglich.

➡ Ist er dazu nicht fähig, könnte die Haftfähigkeit durch Häutungsreste beeinträchtigt sein.

Ein Glattkopfleguan präsentiert sich auf einem Aussichtsplatz.

? Leguane der Trockengebiete suchen gern markante Plätze zur Selbstdarstellung auf.

➡ Darauf achten, dass ein Tier nicht zum Tyrannen wird.

17

Fortpflanzungs-verhalten

Ein Paar oder ein harmonierender Verband einer Art gewährleisten noch keinen Erfolg. Erst mit dem richtigen Angebot von Klima, Tageslänge und Nahrung werden die Tiere zur Fortpflanzung schreiten. Voraussetzung ist daher, sich ein fundiertes Wissen über Verhalten, Herkunft und Klimaanspruch der gepflegten Art zu erwerben.

Balz und Paarung

Wird das von Hormonen gesteuerte Paarungsverhalten durch Klimaveränderungen ausgelöst, balzen die Leguane. Kopfnickend, mit aufgestelltem Kehllappen werben die Männchen um die Weibchen. Sie imponieren breitseits, wodurch die auffälligen Farben an Kehle und Bauch deutlich sichtbar werden.
Bedingt durch anatomische Gegebenheiten kann das Echsenmännchen nicht aufreiten wie ein Säugetier. Es nähert sich dem Weibchen seitlich, packt es mit einem Biss an Hals oder Schulter und bringt seine Kloake möglichst nahe an die der Partnerin. Dann erigiert der Zipfel des Hemipenis, der der weiblichen Kloake am nächsten ist.

Eiablage

Sechs bis zwölf Wochen nach der Paarung – das Weibchen wurde zwischenzeitlich recht

Ein Stirnlappenbasilisk hat sich gerade durch die Eihülle gekämpft.

CHECKLISTE

In Erwartung des Nachwuchses

Sie haben Balz und Paarung beobachtet. So bereiten Sie alles optimal vor:

✔ Die Weibchen müssen gut ernährt werden (→ Seite 48).

✔ Eiablageplätze, etwas geschützt und mit entsprechender Substratfeuchtigkeit, bereitstellen.

An dem Weibchen ist eine veränderte Körperfülle zu bemerken. Es wirkt unruhiger, suchender.

✔ Sie haben einen Brutschrank vorbereitet, die Beheizung funktioniert, die Temperatur stimmt (→ Seite 21).

Sie bemerken eine auffällige Grabtätigkeit.

✔ Die Eier in das mit feuchtem Vermiculit gefüllte Eigefäß legen (→ Seite 21).

✔ Während der Bebrütung die Temperatur kontrollieren.

✔ Ein Terrarium für die Jungtiere ist vorbereitet, die Klimatisierung funktioniert.

✔ Für die Ernährung der Jungtiere sind juvenile Heuschrecken, Heimchen oder Grillen vorhanden.

✔ Bei den lebendgebärenden Stachelleguanen auf veränderte Körperfülle der Weibchen achten. Ist diese plötzlich nicht mehr vorhanden, nach den Jungen suchen.

1 ▶ Die Paarung

Wie bei allen Leguanen geht auch beim Maskenleguan einer Paarung der Biss in Nacken oder Schulter voraus. Davor findet nicht selten eine stürmische Verfolgung statt, die gelegentlich auch unterbrochen wird, um einen störenden Nebenbuhler zu vertreiben. Die eigentliche Kopulation ist nur kurzzeitig.

2 ▶ Die Eiablage

In den Wochen nach der Paarung wird der Leibesumfang des Weibchens sichtlich mehr. Üblicherweise wird das Nest an einem Ort gegraben, der eine beständige Feuchtigkeit gewährt, etwa unter größeren Steinen oder Pflanzenwurzeln. In Ermangelung eines solchen Ablageplatzes ist im Bild eine Notablage zu sehen.

rund, oft sind die Konturen der Eier zu erkennen – können Sie beobachten, wie es im Terrarium mit Probegrabungen einen geeigneten Eiablageplatz sucht. Der Grüne Leguan forscht nach der Möglichkeit, einen Erdgang zu graben, an dessen Ende die Eier in einem Kessel abgelegt werden. Auch die anderen Leguane graben Nester, die nach der Eiablage sorgfältig zugescharrt, mit der Schnauze festgestampft und von manchen sogar getarnt werden. Danach sind sich Gelege und Schlüpflinge selbst überlassen.

Ist das Weibchen mit der Eiablage fertig, legen Sie das Gelege vorsichtig frei. Sorgfalt ist erforderlich, weil die Eier weichschalig sind und in ihrer Lage nicht verändert werden dürfen. Sie werden einzeln in das schon vorbereitete Eigefäß (→ Seite 21) überführt und mit fünf Millimeter Abstand aufgereiht. Verklebte Eier nicht trennen, sondern als Klumpen überführen.

Besonderheit Lebendgebären

Die meisten hier beschriebenen Leguane vergraben Eier,

sie sind ovipar. Die Stachelleguane gebären jedoch lebende Junge, sie sind ovovivipar. Dieses Lebendgebären unterscheidet sich allerdings von dem der viviparen Säugetiere, denn bei den Ovoviviparen wird der Embryo nicht durch eine Plazenta versorgt. Die dünnhäutigen Eier sind ohne Verbindung zum mütterlichen Organismus. Die Jungen schlüpfen aus der Eihaut vor, während oder nachdem das Ei ausgestoßen ist. Auch diese Jungtiere werden wie die im Eigefäß geschlüpften getrennt von den Eltern aufgezogen.

Fragen rund um
die Fortpflanzung

❓ Können Leguane auch einen Teil des Schwanzes abwerfen?

Der Schwanz eines Leguans hat keine Sollbruchstelle wie der mancher anderen Echsen, beispielsweise der heimischen Eidechsen, die diesen zur Irritation eines Verfolgers abwerfen können. Verliert ein Leguan einen Teil seines Schwanzes durch unvorsichtiges Festhalten oder Einklemmen in einer Tür, kann an der Bruchstelle ein Teil regenerieren. Das Regenerat bildet aber keine verknöcherten Schwanzwirbel aus, es wird durch Knorpel gestützt.

❓ Wie kann mein Weibchen des Grünen Leguans im Terrarium einen Erdgang zur Eiablage graben?

Da Sie die notwendige Substrathöhe für den Erdgang mit Kessel im Terrarium nicht bereitstellen können, sollten Sie bereits bei der Einrichtung der Behausung eine Ablagekiste im Bodensubstrat vergraben. Sie können stattdessen auch eine etwa 40 x 40 Zentimeter große Platte aus Holz oder Stein auf einem Sockel im Boden eingraben. Dieser sollte maximal 15 Zentimeter hoch sein, denn das Weibchen braucht den Kontakt zur Decke, um den Eindruck einer Höhle zu bekommen. Nur so weiß es sich und sein Gelege sicher.

❓ Wie kann ich die Eier finden, wenn der Nestplatz vom Weibchen so gut getarnt wird?

Die Eiablage können Sie meist nicht beobachten, denn die werdende Mutter ist besonders scheu und vorsichtig. Es ist hilfreich, schon vorher das Bodensubstrat mit einem anders gefärbten oder strukturierten Substrat zu bestreuen, dann können Sie Grabaktivitäten erkennen.

❓ Mein Leguan hat Eier gelegt. Was soll ich nun damit tun?

Für die Bebrütung benötigen Sie einen Brutbehälter, in den Sie das Gefäß mit den Eiern stellen. Das kann eine so genannte Kunstglucke (Zoo-

> *Gebänderter Stachelleguan, links das Weibchen, rechts das Männchen.*

fachhandel) mit integrierter thermostatgesteuerter Beheizung sein oder ein anderer Behälter, zum Beispiel ein ausrangiertes Aquarium, in dem Sie Heizung und Thermostat installieren. Entscheidend ist, dass die erforderlichen Temperaturen von 25 bis 30 °C nicht nennenswert schwanken. Bei Temperaturen über 30 °C erfolgt der Schlupf vorzeitig und die Jungen bereiten dann oft Probleme bei der Aufzucht. Wichtig ist, den Brutbehälter so rechtzeitig bereitzustellen und zu testen, dass die notwendige Temperatur darin schon vor der Eiablage konstant ist.

? Was versteht man unter einem Eigefäß?

Als Eigefäß können Sie eine Klarsichtdose mit Deckel nehmen, die Sie fünf bis acht Zentimeter hoch mit feuchtem Vermiculit füllen. Vermiculit ist ein zur Wärmedämmung gebrannter Glimmer in unterschiedlichen Körnungen. Bewährt hat sich Vermiculit Nr. 3 VET, mit Wasser angefeuchtet in einem Verhältnis von 1:1,5 bis 1:2 Gewichtsteilen. Die Feuchtigkeit bleibt in dem fast geschlossenen Gefäß während der Brut-

dauer erhalten! Die aufgereihten Eier mit einer ein bis zwei Zentimeter hohen Schicht feuchtem Vermiculit abdecken und das Gefäß in den Brutbehälter stellen. Die Eier dann nicht mehr drehen.

? Wie kommt der Schlüpfling aus dem Ei?

Mit einem nach vorn gerichteten Eizahn ritzt das Jungtier das Ei von innen an, verharrt einen Augenblick und befreit sich dann mit Macht aus der Hülle. Der Eizahn fällt nach einigen Tagen ab. Die Jungtiere werden getrennt von den Eltern in ein überschaubar eingerichtetes Terrarium umgesetzt. Dieses ist zur Klimatisierung technisch wie das der Eltern eingerichtet.

? Welcher Unterschied besteht zwischen Zucht und Vermehrung?

Zucht bedeutet die planmäßige Anpaarung von Individuen, die auf ein vorgegebenes Zuchtziel ausgerichtet ist und der Verbesserung einer Rasse dient. Sie als Halter sind bestrebt, Ihre Pfleglinge optimal zu halten und so zu vermehren, dass es die Tiere bleiben, die Ihnen von der Natur geschenkt wurden.

Harald Jes

MEINE TIPPS FÜR SIE

Wichtig für die erfolgreiche Vermehrung

➤ Um in Fortpflanzungsstimmung zu kommen, müssen die Weibchen optimal ernährt werden, Vegetarier auch mit animalischer Kost.

➤ Während der Eiablage Störungen unbedingt vermeiden. Eine Unterbrechung durch äußere Einflüsse könnte zur Legenot führen. Sollte es einmal dazu kommen, müssen Sie den Tierarzt verständigen.

➤ Bis auf die Temperatur, 26 bis 30 °C, muss das Gelege nicht kontrolliert werden. Jede Störung schadet nur! Eine Kontrolle der Eier führt zu nichts, denn gesunde und fruchtbare Eier werden durch nicht entwicklungsfähige nicht geschädigt.

➤ Die Brutdauer ist nicht nur artspezifisch, sie ist auch temperaturabhängig. Sie dauert bei den Leguanen sieben bis 14 Wochen.

➤ Die Schlüpflinge nicht anders pflegen als die Eltern. Sie brauchen gleiche Nahrung und Klima.

Artgerechte Unterbringung

Die Technik im Terrarium

Die meisten der im Zoofachhandel angebotenen Terrarien sind solide verarbeitet und funktional. Nachteilig für Leguane sind Terrarien mit einer durchgehenden Glasabdeckung und solche mit viel zu schmalen Lüftungsgittern in der Abdeckung. Dieser

Wärme und UV-Strahlung schluckt. Erst in Terrarien ab einer Höhe von 60 Zentimetern können Wärme- und Bestrahlungslampen für die Tiere gefahrlos innerhalb des Terrariums angebracht werden. Schöner ist eine Außeninstallation in jedem Fall.

Größe des Terrariums

Die in den Porträts genannten Größenangaben der Leguane gelten für ausgewachsene Exemplare, aber nicht für selten erreichte Höchstmaße. Die Kopf-Rumpf-Länge ist von Bedeutung für den Raumbedarf im Terrarium, denn es gibt Leguane mit relativ langen Schwänzen, die

aber vergleichsweise wenig Raum benötigen. Die meisten der in den Porträts genannten Abmessungen der Terrarien wurden etwas großräumiger gewählt als die Maße, die im Gutachten über Mindestanforderungen an die Haltung von Reptilien gefordert werden. Diese Maße gelten immer für drei Tiere (→ Tipp Seite 38 und Seite 64), für jeden weiteren Leguan kommen 15 Prozent der Grundfläche dazu. Sind die Echsen noch jung und nur halb so groß, benötigen sie nur die halbe Terrariengröße. Grundsätzlich schadet es allerdings gar nicht, die Terrarien noch größer zu wählen.

> *Mit Trockengräsern können Sie auch eine karge Landschaft gestalten.*

Nachteil wird noch gravierender, wenn die Lüftung statt aus Chromstahlgeflecht aus Lochblech besteht, das einen erheblichen Energieanteil von

TIPP

Das richtige Licht

➤ Nicht jeder Terrarianer wird ein Luxmeter zur Messung der Lichtintensität besitzen. Man kann aber auch mit dem Belichtungsmesser einer Fotokamera die Lichtintensität der Mittagssonne im Hochsommer unter freiem Himmel messen und mit der Intensität der Terrarienbeleuchtung vergleichen, indem Belichtungszeiten und Blendenwerte gegenüber gestellt werden. Der Terrarienfreund wird erstaunt sein, wie schwach seine »intensive« Beleuchtung ist, und das, obwohl hier zu Lande nur ein »mäßiger« mitteleuropäischer Sonnenschein gemessen werden kann.

Neben der Größe der zu pflegenden Tiere sind auch ihr Verhalten sowie die Lebensweise (Boden- oder Baumbewohner) zu berücksichtigen.

Frischluftzufuhr

Für die erfolgreiche Pflege der Leguane im Terrarium ist eine ausreichende Zufuhr frischer Luft außerordentlich wichtig. In einem allseitig umbauten Raum herrschen andere Verhältnisse als draußen. Selbst im tropischen Regenwald entsteht durch Thermik Luftbewegung. Damit eine gute Be- und Entlüftung des Terrariums gewährleistet ist, sollten im unteren Drittel einer der Seitenwände oder der Frontscheibe wenigstens zehn Prozent, in der Abdeckung aber mindestens 30 Prozent der Behältergrundfläche perforiert sein. Nur dann kommt es zu einer ausreichenden Frischluftzufuhr, sobald Wärmequellen die Luft in Bewegung setzen.

Für die Sicherheit

Um gesundheitlichen Schaden an Mensch und Tier durch technische Einrichtungen von vornherein auszuschließen, sollten Sie Lampen und Geräte grundsätzlich

> *Das Männchen des Braunen Anolis ist an der rautenförmigen Zeichnung seitlich der Wirbelsäule zu erkennen.*

außerhalb des Terrariums installieren. Wo das aus räumlichen Gründen nicht realisierbar ist, sind Lampen mit einer hohen Oberflächentemperatur oder UV-Strahler mit einem Schutzgitter und gegebenenfalls mit einer Sichtblende auszurüsten. Elektrische Leitungen und Sensorenkabel werden in Kabelkanälen verlegt. Das ist sicherer und sieht auch besser aus. Bitte beachten Sie die Gebrauchs- und Montageanweisungen der elektrischen Geräte.

Seien Sie sich dessen bewusst, dass durch den Umgang mit Strom und Wasser ein lebensbedrohender Schaden entstehen kann (→ Wichtige Hinweise Seite 60).

Licht und Wärme

Leguane sind tagaktive Reptilien, die geradezu als Sonnenanbeter zu bezeichnen sind.

> *Nur juvenile Leguane vermögen derart dünne Zweige zu erklimmen.*

Wie viele andere Echsen auch assoziieren Leguane die für sie notwendige Wärme mit Licht, das heißt, »nur auf Wärme« reagieren sie nicht.

Sie sollten also keine für die Tiere langweiligen Dunkelstrahler als Wärmequelle installieren, sondern solche, die Licht und Wärme abgeben, um damit den Stoffwechsel der Echsen zu optimieren.

Leuchtstofflampen sind preiswert und sparsam bei der Anschaffung und im Verbrauch. Angeboten werden sie in unterschiedlichen Längen und Lichtfarben. Achten Sie auf eine natürliche Farbwiedergabe von Tieren und Pflanzen. In entsprechender Anzahl installiert (→ Seite 64), bringen sie in Terrarien bis 70 Zentimeter Höhe auch für die Bepflanzung die gewünschte Helligkeit.

Reflektorlampen sind als wärmende Lichtquellen besonders geeignet, weil diese innen verspiegelten Lampen Licht und Wärme gebündelt auf einen Punkt bringen. Mit ihnen erzielen Sie nicht nur den Sonnenstrahlen ähnliche Lichteffekte, sie bündeln auch die Wärme auf dem Sonnenplatz. Reflektorlampen gibt es von 25 bis 150 Watt. Ist im Bereich der Lampen mit Spritzwasser zu rechnen, sollten 60- bis 150-Watt-Pressglas-Reflektorlampen eingesetzt werden. Die Temperatur

in den Lichtbündeln ist hoch, deshalb im Strahlungsbereich dieser Lampen keine Pflanzen einbringen, sie verbrennen.

Halogen-Metalldampflampen, auch HQI-Lampen genannt, kommen von 75 bis 250 Watt für Terrarien ab 300 Liter Rauminhalt in Frage. Sie sind besonders leistungsstark und sollten zum Schutz von Tieren und Pflanzen nur in einem Abstand von ungefähr einem Meter – für den Pfleger blendfrei – installiert werden. Diese Lampen sollten Sie allerdings nur in Leuchten mit Schutzglas verwenden!

Ultraviolett-Strahlen sind im Licht der Sonne enthalten und wirken stimulierend auf lebensnotwendige biologische Abläufe. Sie sind deshalb besonders wichtig. Nicht alle Lampen mit blauem oder violettem Licht emittieren jedoch auch die gewünschte UV-Strahlung. Einsatzfähig ist Eversun, Lichtfarbe 79, 40 und 100 Watt, Länge 590 und 1760 Millimeter. Diese röhrenförmigen Lampen können wie Leuchtstofflampen installiert werden. Eine Schraubfassung (E27) hat Ultra Vitalux, 300 Watt. Dieser Strahler ist so leistungsstark, dass er nur kurzzeitig und mit einem Ab-

> *Ein männlicher Helmbasilisk genießt die »Sonnenstrahlen« auf seinem Aussichtsplatz im Regenwaldterrarium.*

stand von mindestens einem Meter in großen Terrarien eingesetzt werden kann.

Ultraschall-Vernebler

Sie optimieren das Regenwaldklima. Mit unterschiedlichen Leistungen werden sie im Terrarium oder auch außerhalb, mit entsprechender Verrohrung nach innen, betrieben. Der Vernebler sollte in viertel- bis halbstündlichen Intervallen besonders in den Morgenstunden eingeschaltet sein. Permanentbetrieb lässt das Terrarium unter Umständen versumpfen.

Wasserfilter

Zur Reinigung des Wassers im Badebecken oder Bachlauf empfiehlt sich ein Motorfilter mit integrierter Heizung, wie er auch im Aquarium eingesetzt wird. Ein solcher Filter wird außerhalb des Terrariums angeschlossen und wirkt damit nicht störend. Erforderlich ist die regelmäßige Reinigung des Filtersubstrats, Schaumstoffmatten sind empfehlenswert. Wechseln Sie aber das Wasser zusätzlich, etwa wenn die Tiere ihre Exkremente darin absetzen oder Substrat einbringen.

Das Waldterrarium

Weil zu jedem Regenwald-, Tropenwald- und Waldterrarium ein feuchtes Bodensubstrat gehört und auch viel mehr Wasser verbraucht wird als in einem Trockenterrarium, sollte ein Ganzglaster-

rarium gewählt werden. Die drei Waldtypen unterscheiden sich klimatisch und in der Bepflanzung, die Übergänge sind jedoch fließend.

Ideale Einrichtung

Es ist der feuchteste Lebensraum. Die hohe Luftfeuchtigkeit wird erreicht durch die Installation eines Ultraschall-Verneblers (Zoofachhandel). Um das Badebedürfnis der Bewohner zu erfüllen, ist ein geräumiges Wasserbecken nötig (→ Tipps Seite 35), bei entsprechender Größe auch mit Abfluss. Basteln Sie gern, dann können Sie das Becken auch als Bachlauf mit Gefälle formen und mittels installierter Pumpe plätschern lassen. Das würde zur gewünschten Luftfeuchtigkeit beitragen.

Rück- und Seitenwände: Bevor Sie die Kletteräste einbauen, sollten Sie deren Gestaltung klären. Verzichten Sie auf eine Steinkulisse. Dicke Borken einheimischer Gehölze oder Zierkork prägen nicht nur den Waldtyp, sie bieten auch den kletternden Leguanen zusätzliche Flächen, die zudem noch von rankenden Pflanzen bewachsen und so zu einem passenden Hintergrund werden.

Als Kletteräste eignen sich alle heimischen und tropi-

schen Gehölze. Im Hinblick auf die hohe Feuchtigkeit ist Weichholz jedoch nicht zu empfehlen, denn es wird bald zerfallen. Als Epiphytenäste, die dem ständig feuchten Pflanzsubstrat ausgesetzt sind, eignen sich Scheinakazien (*Robinia*) oder Flieder (*Syringa*) besonders gut. Bei Wahl und Einbau sind Ihrer Fantasie keine Grenzen gesetzt, dennoch gilt es einige Dinge zu beachten.

➤ Der Durchmesser der Kletteräste soll wenigstens dem Rumpf der vorgesehenen Leguane entsprechen. Besser ist etwas mehr, um den Tieren eine angenehme Liegefläche zu bieten.

➤ Äste mit grober Borke sind für lange Zehen und Krallen griffiger als glatte Stämme.

➤ Stärkere Äste so einpassen oder mit Silikon verkleben, dass sie nicht verrutschen oder kippen.

➤ Sollen starke Äste an den Wänden Halt finden, müssen die Schnittflächen glatt anliegen, damit ein Schwanz nicht in einer Kerbe hängen bleibt und abbricht. Auch durch

kreuzende Äste können solche Schwanzfallen entstehen.
➤ Basilisken und Anolis flüchten nicht nur an senkrechten Baum- und Palmenstämmen nach oben, sie bevorzugen solche auch als Aufenthaltsort. Sie einzubringen lohnt sich, weil dann das interessante Verhalten zu beobachten ist, wie die Tiere um den Stamm herum, im Blickschatten des Betrachters, in Deckung gehen.

Das Bodensubstrat nimmt nicht nur die Pflanzen auf und dient als deren Nahrungsquelle, es ist auch für das Klima im Terrarium von Bedeutung. Es gilt also ein Substrat mit gutem Wasseraufnahmevermögen zu finden. Das natürlichste ist Boden aus dem Wald. Dabei spielt es keine Rolle, ob Laub- oder Nadelerde gewählt wird. Empfehlenswert sind die oberen, noch nicht vollkommen verrotteten Schichten, die noch Laub- oder Nadelstrukturen erkennen lassen. Um im Regenwaldterrarium und dort, wo Wasser aus einem Badebecken herausschwappen kann, ein Versumpfen des Substrates zu vermeiden, bringen Sie unten eine zwei bis drei Zentimeter hohe

> *Üppiger Pflanzenbewuchs schafft Sichtschutz für unterlegene Leguane.*

Kiesdrainage ein. Damit die Schichten getrennt bleiben, decken Sie den Kies mit einem Geflecht aus Chromstahl oder aus Kunststoff ab. Den optischen Eindruck eines solchen Terrariums optimieren Sie, indem Sie gelegentlich frisches Falllaub einbringen. Dies begrüßen übrigens auch die Echsen, denn es lässt sich darin wunderbar stöbern. Strukturieren Sie die Bodenfläche mit Pflanzen, Stubben oder Wurzelholz. So schaffen Sie Sichtbarrieren, die gegebenenfalls den unterlegenen Tieren Schutz bieten.

CHECKLISTE

Sicherheit für Mensch und Tier

✔ HQI-Strahler, UV-Strahler und Reflektorlampen außerhalb des Terrariums installieren, HQI- und UV-Strahler mit Reflektor oder Leuchte.

✔ UV-Strahler und Reflektorlampen bei Installation im Terrarium mit zusätzlichen Schutzgittern an den Leuchten versehen, um Verbrennungen zu verhindern.

✔ Kabel in Kabelkanälen verlegen, um Beschädigungen der Zuleitungen zu vermeiden.

✔ Fehlerstrom-Schutzschalter (FI-Schalter) installieren.

✔ Ultraschall-Vernebler nach Anweisung installieren.

✔ Wasserfilter bei der Reinigung vom Netz trennen.

Das Trockenterrarium

Ein Trockenterrarium muss nicht unbedingt ein Ganzglasterrarium sein, weil die ebenso Leben bringende wie zerstörerische Feuchtigkeit hier entfällt. Es ist also möglich, auf relativ einfache Art aus Holz, vielleicht sogar passend zur Wohnungseinrichtung, ein Terrarium selbst zu bauen. Zu beachten sind dabei die Grundvoraussetzungen, wie Be- und Entlüftung, die an das Terrarium als Lebensraum gestellt werden müssen (→ Checkliste Seite 27). Der wesentlich kargere Lebensraum ist viel schwieriger interessant darzustellen, weil die lebende Dekoration Pflanze kaum genutzt werden kann. Es gilt also, hier mit leblosen Elementen Akzente im Terrarium zu setzen.

Für den Aufbau einer Felskulisse aus Naturstein ist außer Kreativität auch ein Gespür für Gestein gefragt. Am natürlichsten wirkt eine Wand aus nur einem Material. Diverse Schiefer und Sandsteine sind nicht nur gut zu gestalten, sie sind auch vergleichsweise einfach zu bearbeiten. Die Kulisse sollte nicht zu flach aufgebaut sein, sondern gerade für Felsbewohner weit in das Terrarium hineingezogen werden. Außerdem soll sie Vorsprünge und kleine Plateaus zum Ruhen, Sonnen und Imponieren haben. Schaffen Sie im Bodenbereich unter den Steinen spaltenför-

Unter dem gebündelten Licht einer Reflektorlampe ist die Wurzel der ideale Sonnenplatz im Trockenterrarium.

> Ein Stachelleguan verlässt seinen Ruheplatz in der Höhle, dem einzigen feuchten Ort im Trockenterrarium.

Wurzelholz eingebracht werden. Hohle Skelette von Säulenkakteen passen in die Landschaft und dienen auch als Versteck. Ein vertrockneter Strauch der Berberitze oder ein Bund Ginster, bei kleineren Echsen auch Trockengräser, vermitteln einen typischen Eindruck.

Ein Platz an der Sonne

Gerade für die sonnenhungrigen Leguane der Trockengebiete kann natürliche Sonnenstrahlung wertvoll sein. Lassen sie sich von Ihnen umsetzen, wird für sie ein Sonnenterrarium aus Drahtgeflecht zum Kuraufenthalt (→ Seite 64). Die Tiere müssen sich aber jederzeit in den Schatten zurückziehen können. Verhindern Sie auf jeden Fall auch Stauwärme!

mige Höhlen, die später die einzigen Feuchtbereiche im Trockenterrarium sind. Alle Schlupfwinkel sind so anzulegen, dass sie nicht zur Falle werden. Eine verfolgte Echse muss die Möglichkeit haben, in die andere Richtung zu fliehen. Gestalten Sie diese Schlupfwinkel gut einsehbar. **Für die Rückwand** bietet der Zoofachhandel Kunstfelsen an. Sind Sie ein Bastler, dann können Sie aus Styropor, Polyester und Epoxydharz auch eine Felswand mit Liegeplätzen auf Ihr Terrarium bezogen herstellen. Besonderes Augenmerk sollten Sie der Oberfläche widmen. Diese soll weder glänzen, noch darf sie scharf sein, damit sich die

Echsen nicht an den Fußsohlen verletzen.
Für das Bodensubstrat bietet sich Flusssand an, denn er besteht aus rundem Korn. Der scharfkantige Quarzsand birgt dagegen die Gefahr, die Schleimhäute zu schädigen. Auf das Substrat kann wenig

TIPP

Der richtige Standort

➤ Ein Terrarium kann frei stehend aufgestellt oder in eine Schrankwand eingebaut werden.

➤ Für alle technischen Installationen und für die Lüftungen muss ausreichend Raum zur Verfügung stehen.

➤ Vermeiden Sie unkontrollierte Sonneneinstrahlung, weil sehr schnell ein kritischer Temperaturbereich entsteht, dem die Tiere nicht ausweichen können!

➤ Ein Blumenfenster heizt sich schnell auf und eignet sich deshalb nur an der Nordseite des Hauses oder mit entsprechender Beschattung.

Pflanzen im Terrarium

Wären sie nur Dekoration, könnten auch Plastikpflanzen diesen Zweck erfüllen. Es ist aber weit mehr. Im Waldterrarium prägen sie das Mikroklima, bieten natürliche Deckung und gut strukturierte Klettergelegenheiten. Zudem verspricht die gelungene Einheit von Tieren und Pflanzen auch für das Auge einiges.

Bei der Wahl der Pflanzen ist natürlich noch vor deren Einbringen an die vorgesehenen Bewohner zu denken. So hätte der Grüne Leguan als Vegetarier Pflanzen sicherlich zum Fressen gern. Und den ebenso schreckhaften wie sprunggewaltigen Basilisken sollten Sie nur sehr stabile Pflanzen zuordnen.

Einrichtung und Pflege
Waldterrarium: Die Pflanzen werden mit dem Topfballen in das Bodensubstrat gesetzt – sehr stark verwurzelte Topfballen außen etwas auflockern, dann das Substrat um den Ballen leicht andrücken. Die Ranken der Kletterpflanzen erhalten eine Starthilfe, indem Sie sie in die gewünschte Richtung legen und an Ästen oder Wänden dann mit Klammern befestigen. Luftwurzeln bildende Kletterpflanzen können unter Umständen auf Substrat verzichten, wenn sie aus einem Wassergefäß oder -becken wachsen können.
Denken Sie an die Epiphyten bereits beim Einbringen von

Ästen und Stubben, und sehen Sie pflanzrelevante Plätze vor. Im Topf gekaufte Epiphyten werden ausgetopft, die nicht durchwurzelte Erde wird vorsichtig entfernt. Den Restballen mit Torfmoos, Kokosfasern oder Farnwurzeln ummanteln und mittels Angelschnur verfestigen.
So verpackt wird die Pflanze auf einem Ast, in einer Gabelung oder einem Bruch befestigt. Pflanzen Sie in ein Astloch, ist für einen Abfluss zu sorgen, denn Staunässe vertragen sie nicht. Tillandsien werden direkt auf das Holz gebunden, allenfalls wird eine ganz geringe Menge Torfmoos beigegeben.
Trockenterrarium: Um die Pflanzen zwar sparsam, aber doch gezielt gießen zu können, werden sie mitsamt dem Topf, wenn möglich von einer Stein- oder Holzdekoration kaschiert, eingebracht. Da durch das Gießen der Topf ein für viele Echsen äußerst interessanter, weil feuchter Ort wird, sollten Sie das Pflanzsubstrat mit einem Chromstahlgeflecht abdecken.

Ein Ananasgewächs am natürlichen Standort im tropischen Regenwald.

Pflegeleichte Pflanzen für das Terrarium

Name	Standort	Licht	Bemerkungen
Ananasgewächse *Aechmea-, Billbergia*-Arten	● ◗	✿✿✿	Epiphyten, hart, nur für größere Terrarien
Ananasgewächse *Cryptanthus*-Arten	●	✿✿	Epiphyten, auch am Boden wachsend, Staunässe vermeiden, nur für kleinere Leguane
Ananasgewächse *Dyckia-, Hechtia*-Arten	○	✿✿✿	Bodenpflanzen, sparsam gießen
Ananasgewächse *Tillandsia*-Arten	● ◗	✿✿✿	Epiphyten, wachsen beispielhaft ohne Pflanzsubstrat
Ananasgewächse *Guzmania-, Vriesea*-Arten	●	✿✿✿	Epiphyten, keine Staunässe, kleine Arten besonders geeignet
Baumfreund *Philodendron*-Arten	◗	✿✿	Kletterpflanzen, Luft- und Wasserwurzeln, kleine Arten einfach zu vermehren
Birkenfeige *Ficus benjamina*	● ◗	✿✿✿	Bodenpflanze, wächst baumartig
Echeverie *Echeveria*-Arten	○	✿✿✿	Bodenpflanzen, Sukkulenten, sparsam gießen, leicht faulend
Efeutute *Epipremnum pinnatum*	●	✿	Kletterpflanze, Luft- und Wasserwurzeln, einfach zu vermehren
Feigenkaktus *Opuntia*-Arten	○	✿✿✿	Bodenpflanzen, Sukkulenten, kleine Arten geeignet
Kugelkaktus *Echinops-, Echinocactus*-Arten	○	✿✿✿	Bodenpflanzen, Sukkulenten, nur kleine Arten geeignet
Marantagewächse *Maranta*-Arten	●	✿✿	Bodenpflanzen, krautig, keine Staunässe
Saumfarn *Pteris*-Arten	● ◗	✿✿	Bodenpflanzen, krautig, kleine Arten geeignet
Scheidenblatt *Spathiphyllum*-Arten	●	✿✿	Bodenpflanzen, krautig, blüht leicht; *S. wallisii* kleine Art
Warzenkaktus *Mammillaria*-Arten	○	✿✿✿	Bodenpflanzen, Sukkulenten, nur kleinere Arten geeignet

● = feucht, ◗ = halbfeucht, ○ = trocken
✿ = wenig Licht, ✿✿ = viel Licht, ✿✿✿ = sehr viel Licht

Fragen rund um die Unterbringung

? Was ist bei der Einrichtung eines Terrariums grundsätzlich zu beachten?
Bei der Einrichtung sollten Sie sich immer bewusst sein, dass sich nicht nur die Echsen darin heimisch fühlen sollen, sondern dass der Pfleger darin auch werkeln können muss und der kleine Naturausschnitt deshalb überschaubar und jeder Winkel gut erreichbar sein soll.

? Ist für ein aus Holz gebautes Trockenterrarium eine Schutzimprägnierung erforderlich?
Weil Sie auch im Trockenterrarium Trinkwasser versprühen und die Pflanzen gelegentlich gießen müssen, ist ein Wasser abweisender Anstrich erforderlich. Vorsicht bei Imprägnierungsmitteln, denn in der Vergangenheit zeigte sich, dass auch mit Schadstoffen belastete Mittel angeboten wurden. Informieren Sie sich beim Hersteller über die Unbedenklichkeit des Inhalts gegenüber Reptilien und Insekten.

? Bekommen die Leguane keine Näpfe mit Trinkwasser angeboten?
Nur bedingt. Im Waldterrarium werden die Pflanzen täglich abgesprüht, oder durch den Vernebler kommt es zur Tropfenbildung auf den Blättern. Außerdem ist bei einigen ein Wasserbecken oder ein Bachlauf vorhanden. Auch im Trockenterrarium wird mit täglichem Sprühen Taufall imitiert. Die Leguane lecken die Tropfen von der Dekoration ab. Zur Regulation ihres Wasserhaushaltes benötigen Leguane aus Trockengebieten feuchte, nicht nasse Höhlen. Besprühen Sie dazu die Ecke mit der Höhle mit Wasser. In der Höhle finden die Tiere Abkühlung, die besonders nachts notwendig ist, damit der Kreislauf zur Ruhe kommt.

? Wie erfahre ich, wie viel Watt die Reflektorlampe für einen Sonnenplatz haben muss?
Die Lampen werden mit unterschiedlicher Energieaufnahme (Watt) und Ausstrahlungswinkeln angeboten. Probieren Sie aus, wie viel Watt bei dem vorgegebenen Abstand erforderlich sind.

Ein Glattkopfleguan beobachtet aufmerksam das Geschehen in seiner Umgebung.

Dazu messen Sie die Temperatur auf dem Sonnenplatz, wo der Leguan seine Vorzugstemperatur erreichen möchte. Die Vorzugstemperatur ist die jeweils höchste der in den Porträts (→ Seite 10 bis 13) angegebenen Temperaturen.

? Gibt es vor der Einrichtung bezüglich der Technik etwas zu bedenken?
Bei der Planung der Dekoration sollten Sie auch die Möglichkeiten zur Installation von Reflektorlampen berücksichtigen. Mit diesen wichtigen Licht- und Wärmequellen können Sie die Leguane an solche Plätze im Terrarium locken, die auch für den Betrachter optimal sind.

? Brauchen Leguane eine Bodenheizung?
Nur dann, wenn die Grundtemperatur am Standort des Terrariums unter die in den Porträts (→ Seite 10 bis 13) genannten Werte sinken sollte. Ansonsten erhält die Sonnenechse Leguan die Wärme von dort, woher sie natürlicherweise kommt, als Strahlung von oben. Falls Sie eine Bodenheizung verlegen müssen, sollte nur ein Viertel bis ein Drittel der Bodenfläche beheizt werden und nur dort, wo keine Pflanzen stehen. Damit die Heizung von den Tieren nicht freigegraben oder beschädigt werden kann, sollten Sie sie mit einem Chromstahlgeflecht abdecken.

? Warum soll ich Leuchtstofflampen auswechseln, bevor sie defekt sind?
Weil die »Nutzbrenndauer« viel kürzer ist als die Lebensdauer. Das heißt, die Lampen leuchten noch länger, aber es lohnt sich nicht mehr für diesen Zweck, weil sie jährlich etwa zehn Prozent an Lichtintensität einbüßen.

? Geht von UV-Strahlern eine Gefahr aus?
Ja, weil sie möglicherweise die Strahlung sehr konzentriert emittieren. Sie dürfen daher nur kurzzeitig eingesetzt werden. Wie wir Menschen müssen auch die Leguane ihre Haut erst allmählich an die Sonne gewöhnen. Beginnend bei einer Minute wird die Bestrahlungsdauer täglich erhöht, bis nach zwei Monaten eine Zeit von einer Stunde erreicht ist. Die Ultra-Vitalux-Lampe nie länger brennen lassen und nur, wenn die Tiere ausweichen können!

Harald Jes

MEINE TIPPS FÜR SIE

Bei der Einrichtung beachten

➤ Planen Sie eine Landschaft mit Steinen, erkundigen Sie sich am besten bei einem Steinmetz. Wenn Sie Glück haben, gibt er Ihnen auch Hinweise über die Herkunft und zum Bearbeiten des Materials.

➤ Beachten Sie die unterschiedlichen Härten. Granit ist besonders hart. Denken Sie beim Umgang mit Hammer, Meißel und besonders mit dem Trennschleifer an die Gefahren. Eine Schutzausrüstung dient der persönlichen Sicherheit!

➤ Verarbeiten Sie Polyester, Epoxydharz oder andere Kunststoffe, beachten Sie die Empfehlungen der Hersteller, besonders solche, die gesundheitliche Schäden vermeiden helfen.

➤ Ein Wasserbecken ist wenigstens so groß zu wählen, dass auch der größte Leguan mit gestrecktem Rumpf hineinpasst.

➤ Das Wasserbecken nie auf das Bodensubstrat stellen, sondern eingraben.

35

Eingewöhnungs-Programm

Kauf und Auswahl

Schon vor dem Kauf ist die ausführliche Information über Herkunft und Bedürfnisse der potenziellen Hausgenossen zwingend notwendig. Die Familie Leguane ist nun mal sehr heterogen, schiedenen Lebensräumen. Erschwert wird die Situation noch dadurch, dass sich manche der fast 80 Stachelleguan-Arten nur in winzigen Details unterscheiden.

Wo kaufen?

In einem gut geführten Zoofachgeschäft erfolgt zwar eine ausführliche Beratung, dennoch empfiehlt es sich für einen noch weitgehend Unkundigen, die ersten Leguane von oder mit einem schon erfahrenen Halter auszuwählen. Solche Experten lernen Sie durch Terrarianer-Vereine, die in der DGHT (→ Seite 60) zusammengeschlossen sind, kennen. Durch Vermitt-

lung der DGHT-AG Iguana wird es auch möglich, mit Terrarianern Kontakt aufzunehmen, die Leguane schon erfolgreich vermehrt und gelegentlich abzugeben haben. Solche Verbindungen bieten darüber hinaus den Vorteil, die Terrarienanlage kennen zu lernen und vom Erfahrungsschatz des Halters zu profitieren. Den auf diesem Weg erworbenen Jungtieren bleiben vor allem der Fang und der nicht selten äußerst strapaziöse Transport aus dem Ursprungsland nach Europa sowie die möglicherweise mehrfachen Zwischenstationen unter nicht immer optimalen Verhältnissen erspart.

> *Gut erkennbar sind die typischen Lamellenzehen dieses Ritteranolis.*

selbst bei den Gattungen *Anolis* und *Sceloporus* gibt es durchaus unterschiedliche Anforderungen an das Klima, denn sie leben in sehr ver-

TIPP

Gesellige Leguane

➤ Wiederholt wurde schon auf Verhaltensweisen der Leguane hingewiesen, aus denen ein doch breites Band geselliger Kommunikation hervorgeht. Inzwischen ist sehr wohl bekannt, dass viele Reptilien gesellig leben, sogar Schlangen suchen gemeinsame Ruheplätze auf. Den Leguanen sollte schon ein Terrarium entsprechender Größe und Einrichtung geboten werden, das ihnen erlaubt, die natürlichen Verhaltensweisen auszuleben (→ Seite 64). Diese dann zu beobachten und deuten zu können, macht erst den Reiz der Haltung aus.

Ist es möglich, Jungtiere auf dem kurzen Weg zu erhalten, sind bei der Eingewöhnung kaum Schwierigkeiten zu erwarten. Das gilt erst recht, wenn die Haltung einen positiven Eindruck hinterließ und die Empfehlungen des Halters befolgt werden. Solche Tiere können in den meisten Fällen, auch ohne Quarantäne, direkt in das vorgesehene Terrarium gesetzt werden. Eine ganz andere Situation entsteht, wenn in einem weniger guten Zoogeschäft oder einer Reptilienbörse eingekauft wird. Sicher wird man auf einer Börse auch einmal Terrarianer finden, die Jungtiere aus eigener Vermehrung und eine kompetente Beratung anbieten. Aber leider kann das auch ganz anders sein, so dass eine kritische Auswahl nicht nur Kosten sparen kann, sondern auch Ärger vermeidet.

In welchem Alter kaufen?

Zu früh sollten Jungtiere nicht übernommen werden. Ein Wechsel ist frühestens in einem Alter von drei bis vier Monaten empfehlenswert, bis dahin sind mit Schlupf oder Geburt zusammenhängende

> *Die Einrichtung eines Quarantäneterrariums muss einfach und dadurch zweckmäßig und überschaubar sein (→ Seite 42).*

Schwächen ausgestanden. Um den Erwerb beider Geschlechter wahrscheinlicher zu machen – erkennen lässt es sich zu dieser Zeit noch nicht –, sollten Sie sich mit dem Verkäufer absprechen und vorerst drei bis sechs Tiere übernehmen. Sind sie dann fast erwachsen, reduzieren Sie die Zahl auf die gewünschten 1,X (→ Seite 9) in für Ihre Terriengröße erträgliche Menge. Überlegungen zum Kauf eines Leguans werden dann zu einem Problem, wenn es sich um den Grünen Leguan handelt. Verlockend sehen sie aus, leuchtend blattgrün mit

einem einfach netten Babygesicht. Juvenile Tiere mit einer Kopf-Rumpf-Länge von zehn bis zwölf Zentimetern werden auch noch preiswert angeboten. Dann ist ein Terrarium von 80 x 40 x 50 Zentimetern durchaus ausreichend. Nach zwei Jahren guter Pflege sollen es, schon im Hinblick auf den weiteren steten Zuwachs, 150 x 80 x 100 Zentimeter sein, nach weiteren fünf Jahren wird ein Terrarium der Größe 250 x 150 x 200 Zentimeter erforderlich. Eines derartigen Raumbedarfs muss sich der potenzielle Käufer einfach bewusst sein.

Beim Kauf beachten

Gesundheits-Check der Tiere

Merkmale	Gesundes Aussehen und Verhalten
Tiere	Sie sind während ihrer Aktivitätsphase vital, beobachten in und um das Terrarium herum alle Vorgänge. Sie sind aufmerksam und zur Flucht bereit. Wenn sie gepackt werden, wehren sie sich heftig.
Äußere Erscheinung	Rumpf und Gliedmaßen sind nicht geschwollen oder schwammig.
Ernährungszustand	Rippen, Rückenwirbel und Beckenknochen zeichnen sich nicht auffällig unter der Haut ab. Oberschenkel, Oberarme und Schwanzwurzel sind gut bemuskelt, die Haut hat hier keine Falten.
Augen	Sie sind wach und klar. Sie liegen nicht tief in den Höhlen.
Maul	Es ist geschlossen, wird nicht ruckartig geöffnet. Keine Schaumbildung.
Nase	Frei von Schaumblasen.
Haut	Frei von Verletzungen, Beulen, Pusteln oder Hautresten, die an den Zehen auch zu Abschnürungen geführt haben könnten. Alle Tiere im Terrarium sind frei von Parasiten, z. B. Zecken, roten oder schwarzen Milben; ihre Anwesenheit könnten Sie auch durch den Kot (feine weiße Pünktchen) der Parasiten erkennen. Suchen Sie alle Hautfalten am Hals, in den Arm- und Beinbeugen nach Parasiten ab, wenn die Echsen herausgefangen werden.
Kot	Er ist arttypisch walzenförmig und fest und riecht nicht penetrant.

Check beim Zoofachgeschäft oder Züchter

Terrarienanlage	Die Anlage ist gepflegt, sauber, übersichtlich und den Erfordernissen entsprechend klimatisiert.
Terrarien	Die Terrarien sind beschildert mit Angaben über Größe und Haltungs-bedingungen. Die Einrichtungen und technischen Ausstattungen entsprechen den gehaltenen Arten. Es ist kein Terrarium überbesetzt.
Anbieter	Er ist Vertrauen erweckend und beantwortet kompetent alle Fragen.

Nur der Besitzer eines Eigenheims, mit der Möglichkeit eines Wintergartens oder des Dachgeschossausbaus, kann sich ruhigen Gewissens an die Pflege dieses tatsächlich faszinierenden Leguans trauen.

Heimtransport

Für den Transport ins neue Heim werden die Echsen immer einzeln in Leinenbeuteln verpackt, um den Stress zu reduzieren. Die Beutel werden, fixiert durch Verpackungschips oder Papier, in einen Karton gelegt. Bei niedrigen Außentemperaturen und längerer Reisezeit ist ein Styroporkarton erforderlich. Ist es sehr kalt, wird der Karton mit einer Wärmflasche oder Ähnlichem erwärmt. Handelt es sich um ein kleines Tier, dann rate ich Ihnen, den Beutel unter Ihrer Jacke zu transportieren und die Körperwärme zu nutzen. **Auf dem Heimweg** können Sie sich gedanklich schon darauf einstellen, was Sie und die Tiere nächstens erwartet. Vielleicht sind sie ja Ihre ersten Leguane. Sie sind Wildtiere, Streicheleinheiten sind nicht gefragt, sondern Sachverstand. Für den Leguan, besonders für importierte Tiere,

ist die Erfahrung wichtig, dass nicht jeder in seinem Blickfeld erscheinende Mensch ihm Böses will.

Dies geht am einfachsten in einem Quarantäneterrarium (→ Seite 42). Importtiere werden zur besseren Kontrolle allein untergebracht, Tiere aus Nachzuchten können in Zweier- oder Dreiergruppen darin gehalten werden. Zugleich wird das Quarantäneterrarium ein Ort der Begegnung, auf den auch Sie Ihr Verhalten einstellen werden. Sie werden lernen, mit ruhigen Bewegungen an das Terrarium zu treten und ebenso darin zu hantieren, die Leguane nicht zu erschrecken und vor allem nicht zu berühren. Die Tiere haben die Möglichkeit, Sie aus der Distanz kennen zu lernen und die Furcht vor Pflegemaßnahmen zu verlieren. Nahrung und Tag-Nacht-Rhythmus von Licht und Klima werden zur Gewohnheit – ohne physischen oder psychischen Druck dominanter Artgenossen.

Wichtig: Artenschutz

Von den im Buch behandelten Leguanarten ist nur der Grüne Leguan geschützt. Er steht auf Anhang II des Washingtoner Artenschutzabkommens und Anhang B der Europäischen Artenschutzverordnung. Danach ist seine Haltung anzeigenpflichtig, eine Kennzeichnung ist aber nicht nötig. Heben Sie die Kaufquittung, auf der der wissenschaftliche Name des Tieres vermerkt sein sollte, als Herkunftsnachweis auf. Weitere Informationen zum Artenschutz erhalten Sie beim Bundesamt für Naturschutz (BfN, → Seite 60).

> *Ein Rotkehlanolis imponiert mit aufgestelltem Kehllappen.*

Eingewöhnung und Quarantäne

Das Quarantäneterrarium ist als vorübergehende, relativ kurzfristige Haltungseinrichtung optisch weniger reizvoll. Das muss es auch nicht, denn vordergründig gilt es, einen schon eingewöhnten Bestand zu schützen vor Infektionen und Parasiten, die mit neuen

> *So zutraulich ist ein Leguan meist erst nach Jahren der umsichtigen Haltung.*

Tieren eingeschleppt werden könnten. Beginnen Sie erst mit der Leguanhaltung, ist das Quarantäneterrarium bestens geeignet, um sich mit

den Tieren vertraut zu machen (→ Seite 41).
Als Raumbedarf für die Leguane können Sie die Hälfte der in den Porträts (→ Seite 10 bis 13) angegebenen Größen annehmen. Unverzichtbar ist allerdings die Klimatisierung, wie sie die Haltung der Arten erfordert. Die dafür zu installierende Technik kann einfacher Ausführung sein, wenn sie den Anforderungen genügt.

Die Einrichtung

Sie ist einfach und zweckmäßig, hygienisch und übersichtlich auszuführen, ohne den Echsen die für sie nötige Deckung zu nehmen.

> Als Bodenbelag eignen sich Moltoprenmatten, die einfach zu reinigen sind, oder Küchenpapier, das ausgewechselt wird.
> Ein Trink- oder Badegefäß darf nicht fehlen.
> Zum Klettern sind Äste, Zweige oder Borken nötig. Vereinfacht wird der Wechsel des Bodenbelags, wenn die Klettereinrichtung nicht auf dem Boden stehend angebracht ist, sondern so, dass der Bodenbelag darunter geschoben werden kann.
> Für Boden- und Felsenbewohner eignen sich Tonrohre oder röhrenförmige Borken. Wenn machbar, platzieren Sie solche Höhlen so an einer

TIPP

Tagebuch führen

> Leguane zu beobachten, ist nicht nur interessant, weil es sich um faszinierende Tiere handelt, sondern auch deshalb, weil sich aus den Beobachtungen vielerlei Rückschlüsse ziehen lassen. Dies wird natürlich nur dann möglich, wenn man vom Erinnerungsvermögen nicht verlassen wird. Und das geschieht gerade anfangs häufig, dann nämlich, wenn eine Unmenge neuer Eindrücke das Erinnerungsvermögen überstrapaziert. Deshalb sollte ein Tagebuch griffbereit liegen, damit Sie vom ersten Tag an alle Beobachtungen aufschreiben können.

> 1 Einen Neuzugang füttern

Um die Eingewöhnung zu erleichtern, wird das Futter ohne Napf auf den Boden des Terrariums gelegt. Zur besseren Kontrolle bringen Sie so wenig ein, dass Sie jedes fehlende Blatt registrieren. Ist der Leguan ruhiger geworden, können Sie versuchen, ein gern gefressenes Kraut mit einer langen Pinzette vorzuhalten.

> 2 An die Hand gewöhnen

Für Pflegemaßnahmen sollten Sie den Leguan mit Ihrer Hand vertraut machen. Frisst er ohne zu zögern von der langen Pinzette, gehen Sie dazu über, den Abstand zwischen Hand und Futter immer mehr zu verringern, indem Sie die Pinzette kürzer werden lassen. Irgendwann nimmt das Tier das Futter von den Fingern.

Scheibe, dass Sie von außen beobachten können.

➤ Als Sichtschutz für Baum- und Strauchbewohner haben sich belaubte Zweige einheimischer Gehölze bewährt. Sie werden ausgewechselt, wenn sie vertrocknet sind und keinen Schutz mehr bieten. Während der Eingewöhnung ist es hilfreich und für die Tiere schonender, die Terrarienscheiben mit Stoff oder Papier abzuhängen oder zumindest teilweise farblich zu markieren. Bei hektisch reagierenden Basilisken empfiehlt sich dies auch später.

Pflege in der Eingewöhnungszeit

Weil die Leguane zuvor meist extrem belastet wurden, wird es jetzt wichtig, ihnen Ruhe zu gewähren und sie nicht mehr als nötig zu stören.

➤ Wassernäpfe nur reinigen, wenn sie verschmutzt sind, bei einer nachgewiesenen Infektion aber täglich.

➤ Trinkwasser soll täglich versprüht werden.

➤ Exkremente umgehend entfernen, auch Papier oder Matte wechseln. Kot nach Absprache mit dem Tierarzt oder der Untersuchungsstelle zur parasitologischen Diagnostik geben (→ Seite 60). Nahrung bieten Sie erst nach einer Woche an, zunächst nur wenige Insekten oder deren Larven. Weil ein Napf oft unbekannt ist, legen Sie Blattnahrung und Obst einfach auf den Boden. Geben Sie nur wenig und im täglichen Wechsel immer nur eine Sorte. Wenn auch nach zwei Wochen die Nahrung noch verweigert wird, fragen Sie einen erfahrenen Terrarianer um Rat, bevor Sie den Leguan mit einer Zwangsfütterung (→ Seite 53) in Panik versetzen.

Fragen rund um Auswahl und Eingewöhnung

? Kann ich meinem Bestand ein neues Tier zugesellen? Kann das auch ein junges Tier sein?

Vorsicht, wenn Sie einen neuen Leguan in einen vorhandenen Bestand einbringen wollen, denn in der bestehenden Hierarchie ist er auf jeden Fall der Letzte. Die Ausnahme könnte ein adultes Männchen sein, das einen Weibchenbestand ergänzen soll. Weil Leguanen ein Pflege- und Beschützertrieb fehlt, dürfen Sie auch juvenile Exemplare einem Bestand nicht einfach zusetzen. Die Verfolgung wäre gnadenlos.

? Ist eine Quarantäne amtlich vorgeschrieben, und über welchen Zeitraum erstreckt sie sich?

Für Reptilien besteht keine gesetzliche Vorschrift einer Quarantäne, wie es für manche Säugetiere und Vögel vorgeschrieben ist. Sie sollten aber in Ihrem Interesse und zum Wohl der Tiere Quarantänemaßnahmen ergreifen, denn sie ersparen unter Umständen viel Geld und Mühen. Pflegen Sie die Leguane so lange in der Quarantäne, bis sie gesund und futterfest sind. Eine Mindestdauer von acht Wochen ergibt sich

schon aus der Zahl der Kotuntersuchungen (→ Seite 54), die für eine Beurteilung des Gesundheitszustandes erforderlich sind. Als Quarantäneterrarium eignet sich auch ein ausgedientes Aquarium, wenn es mit Drahtgeflecht sicher abgedeckt wird. Eine Seitenlüftung kann entfallen. Nachteil: Alle Arbeiten müssen von oben erfolgen.

? Kann ein angehender Terrarianer zwecks Information an einem Vereinstreffen teilnehmen, ohne Mitglied der DGHT zu sein?

Das ist sicher möglich, und man wird auch gern beratend zur Verfügung stehen. Sind Sie interessiert, wenden Sie sich am besten an den Vorsitzenden einer Ortsgruppe. Adressen erhalten Sie bei der Deutschen Gesellschaft für Herpetologie und Terrarienkunde (DGHT, → Seite 60).

> *Ein Gebänderter Stachelleguan ruht nach einem Bad entspannt in der Sonne.*

Harald Jes

? Lassen sich verschiedene Leguanarten vergesellschaften?

Wenn die Leguane aus dem gleichen Lebensraum stammen und die Größe des Terrariums ausreichend ist, gelingt es manchmal. Man muss sich aber dessen bewusst sein, dass Tiere verschiedener Arten nicht miteinander kommunizieren können, weil sie die Verhaltensweisen der anderen nicht verstehen. Und wo keine Verständigung besteht, bekämpft man sich.

? Sind Grüne Leguane in Südamerika so häufig, dass sie hier als Jungtiere in so großer Zahl angeboten werden können?

So zahlreich sind und waren sie in ihren Lebensräumen natürlich nicht und deshalb bis vor wenigen Jahrzehnten sehr teuer. Dann aber tat man etwas an sich Gutes und begann, sie auf Farmen in den Wäldern zu vermehren. Diese Maßnahme sicherte nicht zuletzt auch den Bewohnern ein bescheidenes Einkommen. Der Erfolg der Farmen führt nun – leider – dazu, dass juvenile Tiere weltweit zu Schleuderpreisen angeboten werden und auf Grund dessen nicht

immer in die rechten Hände geraten. Das häufige Angebot im Zoofachhandel und auf Reptilienbörsen ist auch ein Grund, den Grünen Leguan in diesen Ratgeber aufzunehmen. Einerseits soll auf diese majestätische Erscheinung aufmerksam gemacht werden, andererseits vor dieser Art gewarnt und zum Nachdenken angeregt werden. Der Grüne Leguan ist nicht für den Anfänger in der Terrarienhaltung geeignet. Er hat es wirklich nicht verdient, »verheizt« zu werden.

? Lässt sich die Eingewöhnung nicht mit dem Erwerb alteingewöhnter Exemplare vereinfachen?

Adulte Leguane der größeren Arten sind nicht selten außerordentlich sensibel, so dass anscheinend Positives, wie überwundener Transportstress, frei von Innen- und Außenparasiten und an eine Terrarienhaltung gewöhnt, durch die psychische Belastung der Veränderung aufgehoben wird. Die Anschaffung juveniler Leguane ist nicht nur deshalb sinnvoller, es macht auch viel mehr Spaß, sie zu Persönlichkeiten heranwachsen zu sehen.

MEINE TIPPS FÜR SIE

In der Eingewöhnungszeit beachten

➤ Um die Infektionsgefahr für einen schon vorhandenen Bestand zu vermeiden, sollten in jedem Quarantäneterrarium separate Reinigungsutensilien, Pinzette und anderes Gerät verwendet werden.

➤ Nach jedem Gebrauch ist alles gründlich zu reinigen, besser noch zu desinfizieren. Dazu Desinfektionspräparate auf Peroxyd- oder Alkoholbasis verwenden, auf keinen Fall aber phenolhaltige Mittel.

➤ Zum Schutz schon vorhandener Reptilien, aber auch des Pflegers sollte eine gründliche Reinigung oder auch Desinfektion der Hände selbstverständlich sein.

➤ Mit einem reptilienkundigen Tierarzt (→ Seite 54) schon vor Anschaffung der Tiere Kontakt aufnehmen.

➤ Um eventuelle Krankheiten nicht zu verbreiten, verweigerte Nahrung oder Futterinsekten nicht mehr anderweitig verfüttern.

Fit-und-gesund-Programm

Die richtige Ernährung

Richtige Ernährung beinhaltet nicht nur Leckerbissen, sondern auch die weniger gut erscheinende Ballastnahrung sowie Vitamine und Mineralstoffe – Letztgenannte nur in geringer Menge, aber doch wichtig für die Erhaltung von Vitalität und Gesundheit.

Pflanzliche Nahrung

Für die Vegetarier unter den Leguanen sind alle bei uns wild wachsenden Kräuter die wertvollste Nahrung, wenn Sie sie nicht gerade an einer viel befahrenen Straße oder am Rand einer Mülldeponie gesammelt haben. Klee, Löwenzahn, Melde, Vogelmiere, einschließlich ihrer Blüten und Samen, stehen hier für viele andere, die auszuprobieren sich wirklich lohnt.

In den gemäßigten Zonen ist der Terrarianer während der kalten Jahreszeit auf gekauftes Gemüse und Obst angewiesen. Feldsalat, Grünkohl, Karotten, Paprika, aber auch Äpfel, Kiwis, Papayas und Zitrusfrüchte sind dann eine Alternative. Immer wenn der Obstanteil größer und damit der Zelluloseanteil geringer wird, ändert sich die Kotkonsistenz, der Kot wird breiiger. Spätestens dann sollten Sie kurz geschnittenes Wiesen- und Luzerneheu, auch zerkleinerte Heucobs (Pellets, → Seite 56) zusammen mit dem Obst anbieten. Wird es gut angenommen, ist es auch als Dauergabe zu empfehlen.

Tierische Nahrung

Diese besteht im Terrarium überwiegend aus Insekten vom Zoofachgeschäft oder auch vom Versandhandel. In ihrer Heimat ist die Nahrungsvielfalt erheblich größer, denn es wird gefressen, was überwältigt werden kann. Basilisken zum Beispiel erbeuten auch kleinere Wirbeltiere. Sie fangen sogar außerordentlich geschickt Fische aus dem Flachwasser.

Als Bewohner des Nebelwaldes zieht der Malachit-Stachelleguan feuchtes Moos trockenem Sand als Bodengrund vor.

> *Stachelleguane fressen oft gern und viel. Dann sollten Sie regulierend eingreifen und das Futter rationieren.*

Die im Handel offerierten Futterinsekten werden meist in unterschiedlichen Entwicklungsstadien angeboten, so dass aus Wanderheuschrecken, Heimchen und Grillen, seltener auch Riesenschaben, die gewünschte Geschmacksrichtung und Größe in aller Regel zu finden ist.

Die Larven von Mehlkäfer, Großem Schwarzkäfer und Wachsmotte werden als Mehlwurm, Zophobaslarve und Wachsmade offeriert. Sie sind allerdings »Eiweißbomben« und führen zu Verfettung. Deshalb den Leguanen nur sparsam reichen.

Vitamine und Mineralstoffe

Vitamine sind für lebensnotwendige Stoffwechselvorgänge nötig. Sie beeinflussen unter anderem Häutung, Knochenbau, Eiweißstoffwechsel und Fortpflanzungsvorgänge. Sie werden mit der Nahrung zugeführt, entstehen bei Verdauungsvorgängen und unter natürlicher Sonne.

Zu den notwendigen Mineralstoffen und Spurenelementen zählen für den Skelettaufbau unter anderem Kalzium und Phosphor, für den Stoffwechsel Kalium, Eisen und Magnesium. Diese Vitalstoffe werden mit der Nahrung nicht immer in ausreichender Menge zugeführt. Um Mangelerscheinungen vorzubeugen, sollten Sie deshalb neben der optimalen Fütterung handelsübliche Vitamin- und Mineralstoffpräparate verabreichen. Der reptilienkundige Tierarzt wird Sie gern beraten.

Um den Tieren Stress zu ersparen, sollten Sie diese Präparate mit der Nahrung und dem Trinkwasser verabreichen. Für die Pflanzenfresser hat es sich bewährt, ein Präparat auf die leicht feuchte Nahrung zu streuen. Die Futterinsekten werden »gepudert«. Dazu kommen sie in ein Gefäß mit einer Portion des Präparates und werden so geschüttelt, dass möglichst viel an ihnen haften bleibt.

TIPP

Futtertiere aufwerten

Handelsüblich abgepackte Insekten waren oft über Tage in der Verpackung. Um Mangelerscheinungen vorzubeugen, ist es notwendig, sie vor dem Verfüttern während einiger Tage gut zu versorgen.

➤ Sie kommen in ein größeres Gefäß mit Bodensubstrat. Als Nahrung erhalten sie eingeweichte Mäusepellets, die mit einem Vitamin-Mineralstoff-Präparat zu einer Paste vermengt wurden.

➤ Das Trinkwasser wird mit einem Multivitaminpräparat optimiert.

Einmaleins der Pflege

Anders als bei Hund oder Pferd ist eine tägliche manuelle Körperpflege bei den Leguanen nicht erforderlich, wohl aber Pflege und Kontrolle des Kleinlebensraums Terrarium. Kontrollieren sollten Sie Temperatur und Luftfeuchtigkeit während der Aktivitäts- und Ruhezeit, das Verhalten der Echsen zu diesen Zeiten, Pflanzen, Technik und alles, was täglichen Veränderungen unterworfen ist.

Um aus den täglichen Wahrnehmungen einen Erfahrungsschatz zu sammeln, ist nicht nur Beobachten angesagt, sondern auch, sich zu erinnern und die Erinnerungen richtig zu deuten (→ dazu auch Tipp Seite 42). Beobachten – Erinnern – Deuten ist die halbe Leguanpflege.

Pflege von Terrarium und Technik

Das Terrarium muss sauber, aber nicht klinisch rein sein. Das bedeutet unter anderem, es gibt keinen Plan, nach dem es ausgeräumt und gründlich gereinigt werden müsste. Voraussetzungen dafür:
➤ Tägliches Entfernen von Exkrementen und Futterresten, einfühlsames Sprühen der Pflanzen und des Bodensubstrates sowie Reinigen der verschmutzten Wasserbehälter und Frontscheiben.
➤ Benutztes Gerät, wie Pinzette, Schaufel, Schwamm und Bürste, gründlich reinigen, bei mehreren Terrarien dazwischen desinfizieren oder für jedes Terrarium eine eigene Garnitur bereitstellen.

➤ Wartung und Funktionskontrolle von Steuergeräten, Schaltuhren, Hygrometern, Ultraschall-Verneblern und Wasserfiltern nach Empfehlung der Betriebsanleitungen.

Pseudo-Winterruhe

Während die in Mitteleuropa heimischen Reptilien im Winterhalbjahr eine Winter-

TIPP

Am Kopf hantieren

Dies kann beispielsweise zum Verabreichen eines Medikaments wichtig sein.

➤ Stecken Sie den Leguan so in einen Leinensack, dass nur der fixierte Kopf herausschaut.

➤ Achten Sie auf die Krallen eines größeren Grünen Leguans. Sie können auch durch den Sack Verletzungen verursachen.

> *Solche Krallen nicht schneiden. Sie werden zum Klettern gebraucht.*

1 Einen größeren Leguan fixieren

Mit einer Hand den Nacken greifen und den Kopf sichern, die vorderen Extremitäten mit den Fingern an der Brust fixieren. Zeitgleich mit der anderen Hand nach Hüfte und Schwanzansatz greifen und die Extremitäten nach hinten gerichtet mit den Fingern fixieren. Den Schwanz zwischen den Beinen des Pflegers fixieren.

2 Bei der Häutung beachten

An Fingern und Zehen sowie im letzten Drittel dünner Schwänze können Reste ringförmig eintrocknen. Fällt es Anolis nach der Häutung schwer zu klettern, könnte die Haftfähigkeit der Lamellen durch Hautreste eingeschränkt sein. Nach einigen Stunden auf einer feuchten Moltoprenmatte lassen sich solche Reste entfernen.

ruhe einlegen, halten Leguane aus kurzfristig abkühlenden Lebensräumen eine Pseudo-Winterruhe. In dieser Zeit verringerter Aktivität sollten Sie auch die Lichtintensität und Beleuchtungsdauer im Terrarium reduzieren.

Pflege der Leguane

Gelegentliches Entfernen von Hautresten nach einer Häutung ist die einzige Körperpflege, die erforderlich werden kann. Wichtig zu wissen ist aber, dass Echsen sich fast nie in einem Stück häuten wie Schlangen (→ auch Seite 57 und oben rechts). Treten bei der Häutung Schwierigkeiten auf, ist meist das Klima falsch, z. B. unzureichende Luftfeuchtigkeit, besonders nachts, mangelnde Nachtabsenkung der Temperatur oder eine fehlende feuchte Höhle im Trockenterrarium. Selten sind Stoffwechselstörungen dafür die Ursache.

Fangen und fixieren

Bei allen guten Vorsätzen, die Leguane nicht zu stören, um ihnen Stress zu ersparen, wird es aus unterschiedlichen Anlässen doch gelegentlich notwendig, sie zu greifen und festzuhalten. Da Sie es aus eben genanntem Grund nicht ständig üben sollten, ist es zumindest wichtig, sich theoretisch damit zu beschäftigen. Kleine bis mittelgroße Leguane sind schnell und gezielt zu greifen. Dazu fassen Daumen und Zeigefinger einer Hand wie eine Pinzette hinter den Kopf und fixieren ihn, um Abwehrbisse zu verhindern. Die Handfläche liegt auf dem Rücken des Tieres, die drei freien Finger ergreifen von unten seine nach hinten gestreckten Beine.

Pflege im Urlaub

Finden Sie rechtzeitig für die Zeit Ihres Urlaubs eine zuverlässige Pflegeperson, die jeden zweiten Tag kontrolliert und, wenn nötig, Kleinigkeiten korrigiert. Weisen Sie die Vertretung gründlich ein und übergeben ihr den Steckbrief (→ Seite 62).

Das müssen Sie noch vor Ihrer Abreise erledigen:

➤ Am Tag vor der Abreise das Terrarium gründlich reinigen und die Pflanzen versorgen.

➤ Die Temperaturen im Terrarium um 5 °C absenken; dadurch entsteht eine Pseudo-Winterruhe (→ Seite 50), in der alle Lebensvorgänge im Terrarium verlangsamt sind.

➤ Schalter und Stecker überschaubar anordnen und kennzeichnen.

➤ Die Reflektorlampen reduzieren oder mit Lampen geringerer Energieaufnahme bestücken. Dadurch werden die Pflanzen noch mit Licht versorgt, die Nahrungsaufnahme der Leguane unterbleibt jedoch ganz oder größtenteils.

➤ Das Terrarium so aufstellen, dass es einfallende Sonnenstrahlen nicht zusätzlich aufheizen.

➤ Hinterlassen Sie Ihre Urlaubsadresse und Telefonnummer sowie die Adresse und Telefonnummer Ihres Tierarztes, falls Rückfragen erforderlich werden.

➤ Am Tag vor der Abreise die Leguane nicht mehr füttern. Gut eingewöhnte Tiere können dann etwa 2 Wochen fasten. Das Verabreichen von Medikamenten und Präparaten sollte nur im Ausnahmefall notwendig werden.

Das sollten Sie der Pflegeperson erklären:

➤ Informieren Sie die Pflegeperson über tolerierbare Höchst- und Niedrigsttemperaturen, um Verunsicherungen bei geringen Abweichungen zu vermeiden.

➤ Erklären Sie das Verhalten der Leguane, damit Auffälligkeiten bewusst werden.

➤ Erläutern Sie das Sprühen im Terrarium, denn ein Zuwenig oder Zuviel kann unangenehme Folgen für die Tiere haben.

➤ Machen Sie den Pfleger auf das ausgeprägte Fluchtverhalten aufmerksam. Vorsicht beim Öffnen von Türen oder Frontscheiben.

➤ Ist ein längerer Urlaub vorgesehen, erklären Sie genau, welche und wie viel Nahrung die Leguane bekommen.

Diese fixieren sie an Bauch und Schwanz. Der am Ansatz gleichfalls weitgehend fixierte Schwanz pendelt frei und kann sich nicht verletzen. Erforderliche Maßnahmen am Tier führen Sie mit der anderen Hand aus.

Wie Sie einen größeren Leguan fixieren, → Seite 51. Alle Maßnahmen führt dann eine zweite Person aus.

Richtig füttern

Leguane sind tagaktiv und erhalten die Nahrung während der Lichtphase, so wie diese durch eine Zeitschaltuhr vorgegeben ist.

➤ Die vegetarischen Kostgänger füttern Sie täglich. Dosieren Sie die Menge so, dass die angebotene Nahrung direkt aufgesucht und nahezu komplett verzehrt wird. Konnten alle Tiere in Ruhe fressen, sollten Sie die Reste nach wenigen Stunden abräumen, damit die Leguane am nächsten Tag wieder Appetit haben. Sind Ihre Leguane Ihrer Meinung nach zu gut genährt, kann ein wöchentlicher Fastentag durchaus angebracht sein.

➤ Damit sich Grillen, Heimchen und Schaben im Terrarium nicht in der Dekoration verkriechen und für die Leguane nicht mehr erreichbar sind, sollten Sie schon während der Eingewöhnungszeit versuchen, die Echsen auch an frisch tote oder mit der Pinzette angebotene Insekten zu gewöhnen. Futtertiere aus der Tiefkühltruhe sind vorher zu temperieren.

Nur juvenile Leguane erhalten täglich Nahrung, adulte dreimal wöchentlich. Auch das animalische Angebot immer wieder wechseln.

Eine notwendige Zwangsfütterung sollte auch bei einem kleineren Tier von zwei Personen vorgenommen werden. Während eine die Echse wie auf Seite 51 beschrieben fixiert, öffnet die zweite durch steten, aber vorsichtigen Zug an der Kehle das Maul, das dann die erste Person mittels Holzspatel sperrt. Das Futter oder Aufbaupräparat dann mit der Pinzette bis in den Schlund einführen.

Leguane tränken

Dazu besprühen Sie im Waldterrarium die Pflanzen täglich mit temperiertem Wasser. Die Leguane lecken die Tropfen von den Blättern. Die Wassermenge ist abhängig von der Bepflanzung und vom Klima, der Boden darf allerdings keinesfalls versumpfen.

Im Trockenterrarium sollten Sie ebenfalls täglich sprühen, aber nur dort, wo sich Tropfen auf Pflanzen oder Steinen etwas länger halten, um von den Tieren aufgenommen werden zu können. In der Natur sind die meisten Leguane auf den Taufall frühmorgens als Wasserspender angewiesen. Entsprechend mit Einschalten von Licht und Wärme das Wasser versprühen.

➤ Ein Streifenbasilisk genießt den »Taufall« temperierten Wassers.

Leguane gesund erhalten

Nicht selten haben gerade importierte Leguane eine strapaziöse Zeit hinter sich, bevor sie in einem Terrarium eine endgültige Heimat finden. Sie sind anfällig geworden, und da ist es gut, wenn Sie schon bald einen reptilienkundigen Tierarzt ermitteln. Das heißt, er sollte eine entsprechende Ausbildung wahrgenommen

Vorbereitung zur Zwangsfütterung eines Malachit-Stachelleguans.

haben. Die nächstgelegene Adresse eines solchen Veterinärs erhalten Sie über die DGHT (→ Seite 60).
Kotuntersuchungen sind eine wichtige Vorsorge, da nicht nur Darmparasiten, sondern auch manche Infektionen des Verdauungstraktes nachgewiesen werden können. Obligatorisch sollten sie in der Zeit der Quarantäne vorgenommen werden, wenigstens dreimal im Abstand von vier Wochen. Danach zur laufenden Kontrolle noch einmal im Jahr. Durchgeführt werden sie von Untersuchungsstellen (→ Seite 60) oder vom Tierarzt, der bei positiven Befunden auch die erforderlichen Therapien durchführt.

Krankhafte Veränderungen

Bei allen im Folgenden genannten Erkrankungen sollten Sie Ihren Leguan zum Tierarzt bringen. Er wird die entsprechende Behandlung durchführen und die nötigen Medikamente verordnen.
➤ Weißgraue Ablagerungen auf der Haut sind der Kot von

Milben, die auch als etwa einen Millimeter große rote oder schwärzliche kugelförmige Gliederfüßer oder deren flache Larven sehr mobil auf der Haut zu beobachten sind.
➤ Linsenähnliche Parasiten von drei bis acht Millimeter Größe, die meist festhängen, sind Zecken. Wie die Milben saugen sie ebenfalls Blut. Als Folgen treten neben permanentem Juckreiz Häutungsschwierigkeiten auf.
➤ Schaum auf den Nasenlöchern und ruckartiges Öffnen des Mauls, oft auch röchelndes Atemgeräusch, deuten auf eine Lungenentzündung hin. Diese Bakterien- oder Vireninfektion wird nicht selten durch fehlende Abwehrkräfte begünstigt. Ursachen dafür können aber auch Haltungsfehler sein, zum Beispiel die falschen Klimabedingungen.
➤ Maulfäule äußert sich durch Ablagerungen von Schleim, Abszesse und Gewebezerfall im Maul. Sie kann viele Ursachen haben. Neben einer Therapie durch den Tierarzt sind auch die Haltungsbedingungen zu prüfen.

> *Brauner Anolis. Mit einem derart gesund erscheinenden Tier kann der Pfleger die Probleme dieses Kapitels vergessen.*

➤ Bindehautentzündung der Augen, verbunden mit Tränen und Schwellungen, kann ein Vitaminmangel sein, entsteht oft auch durch fehlerhafte UV-Bestrahlung.

➤ Bei Veränderungen am Skelett und weichen Knochen handelt es sich um eine als Rachitis bezeichnete Mangelerkrankung. Unzureichende Versorgung mit Kalzium und/oder Vitamin D, aber auch Haltungsfehler führen zu dieser schweren Stoffwechselerkrankung.

➤ Muskelzittern, das heißt das Vibrieren von Gliedmaßen, Schwanz und Rumpf, ist ein Mangel an Vitamin B1. Apathie und schwerfällige Bewegungen sind die Folge.

➤ Fehlende oder eingetrocknete Schwanzspitzen oder Zehen entstehen durch Quetschungen oder Häutungsreste (→ Seite 51). Durchblutungsstörungen durch falsche Ernährung können aber ebenfalls die Ursache sein.

➤ Ein Darm- oder Hemipenisvorfall äußert sich durch aus der geöffneten Kloake hängendes fleischiges Gewebe. Nicht selten ist eine Bindegewebsschwäche, aber auch verhärteter Kot die Ursache. Ein solcher Vorfall ist feucht zu bandagieren, um ein Austrocknen zu verhindern. Deshalb müssen Sie den betroffenen Leguan so schnell wie möglich zum Tierarzt bringen. Bei fortgeschrittener Schädigung ist eine Amputation unumgänglich.

➤ Blutiger Kot, breiig-dünn mit durchdringendem Geruch, weist auf eine Entzündung des Verdauungstraktes hin. Eine derartige Erkrankung kann durch Bakterien oder Viren entstehen, aber auch durch einen massiven Parasitenbefall. Solche Infektionen können schon längerfristig latent vorliegen und werden bei Schwächung eines Tieres oder des Bestandes akut. Regelmäßige Kotuntersuchungen, besonders bei veränderter Konsistenz der Exkremente, ermöglichen eine rechtzeitige Therapie.

➤ Würmer oder Teile davon im Kot lassen auf einen starken Befall schließen. Bei den Untersuchungen wird nicht nach den Würmern, sondern nach deren Eiern geschaut. Sie ermöglichen mit größerer Sicherheit eine Zugehörigkeit zur entsprechenden Wurmart. Das ist für eine Therapie wichtig, weil jede Wurmart anders bekämpft wird.

Fragen rund um Fütterung und Pflege

? Sind Obst und Kräuter sowie Sämereien aus biologischem Anbau besser?
Ja, denn bei ihnen ist gewährleistet, dass keine Insektizide und chemischen Düngemittel verwendet wurden. Sie sind aber auch aus dem eigenen Garten eine willkommene Abwechslung. Übrigens können Sie auch wurmstichiges Obst verfüttern. Dies könnte ein Hinweis darauf sein, dass es frei von Insektiziden ist. Viele der Wildkräuter lassen sich wie die zahlreichen Küchenkräuter giftfrei auch auf dem Balkon oder der Fensterbank kultivieren.

? Was versteht man unter Heucobs?
Heucobs sind in Pelletform gepresstes Heu. Sie sind ein ausgezeichnetes ballaststoffreiches Futter. Ursprünglich wurden sie entwickelt zur Fütterung allergischer Pferde. Später hat man sie noch aufgewertet mit Vitaminen und Mineralstoffen, daher ist das Verhältnis von Kalzium zu Phosphor sehr gut.

? Kann ich meinen Leguanen auch Fische geben?
Bei weitem nicht alle Leguane nehmen Fische an, wohl aber die Arten, die immer in Gewässernähe vorkommen, wie Basilisken. Der Fisch ist durch seine Schuppen, Gräten und Eingeweide einschließlich Inhalt als Lieferant von Vitaminen, Mineral- und Ballaststoffen von Bedeutung. Geeignet sind Süßwasserfische wie Karauschen, Plötzen oder Rotfedern. Größere Fische, die der Basilisk nicht in einem Stück verschlingen kann, sollten Sie zerteilen, aber keinesfalls filetieren.

? Mehlwürmer, Zophobaslarven und Wachsmottenraupen soll man nicht verfüttern. Warum?
Die genannten Futtertiere enthalten ungewöhnlich viel Fett und Eiweiß, zudem ein ungünstiges Kalzium-Phosphor-Verhältnis von bis zu 1:14 (gut ist 1:2). Der Mangel an Ballaststoffen kann zu Stoffwechselstörungen bei den Leguanen führen.

Das Chuckwalla-Männchen ist dunkler und hat einen größeren Kopf als das Weibchen.

Harald Jes

? Ist es normal, dass sich junge Leguane häufiger häuten als adulte?

Ja, das ist normal. Es hängt mit dem relativ starken Zuwachs zusammen. Die Jungtiere haben einen rascheren Stoffwechsel und Wachstum. Dies lässt die Haut schneller zu eng werden und löst den Hautwechsel aus. Die Häutung wird durch Hormone gesteuert, wobei Temperatur, Feuchtigkeit, Nahrungsangebot und körperlicher Zustand des Tieres eine Rolle spielen.

? Kann ein angebrochener Schwanz noch gerettet werden?

Eine Schienung kann erfolgreich sein, eine Schiene ohne Verband sollte aber ein Vierteljahr angelegt bleiben. Ist der Schwanz ganz ab, kann der Tierarzt nur den Stumpf versorgen. Überprüfen Sie, wo in der Dekoration der Schwanz abbrach, und beseitigen Sie die Gefahrenstelle.

? Wie gefährlich sind Infektionen und Parasiten der Reptilien für mich?

Die meisten Parasiten der Reptilien kommen nur bei ihnen vor, befallen also nicht den Menschen. An Salmonellen von Reptilien sollen sich bereits Menschen infiziert haben. Bei normaler Hygiene im Umgang mit den Tieren ist eine Gefahr nahezu ausgeschlossen. Das heißt, kein Mundkontakt und sofort die Hände waschen nach Beenden der Pflegemaßnahmen. Kratz- und Bisswunden vom Hausarzt versorgen lassen.

? Warum soll man einen Leguan so umständlich greifen und fixieren?

Immer wieder hört man, dass zahme Echsen, die über Jahre hinweg unter dem Bauch angehoben wurden, bei einer Gelegenheit unvorhersehbar erschreckten und flüchteten. Dabei kam es für Menschen öfter zu folgenschweren Bissen und Wunden durch die langen Krallen. Aber auch manche Echse verletzte sich bei der Flucht erheblich.

? Reicht es aus, wenn ich die Epiphyten im Terrarium täglich besprühe?

Wenn Sie auch die Wurzelballen täglich besprühen und im Terrarium eine hohe Luftfeuchtigkeit vorhanden ist, reicht es aus. Einmal ausgetrocknet, nehmen die Wurzelballen kaum mehr Wasser an.

MEINE TIPPS FÜR SIE

Hautschädigungen

➤ Die Häutung ist ein regelmäßiger Regenerationsprozess der Haut (→ links), der bei gesundem Stoffwechsel wenig anfällig ist. Außenparasiten können massiv stören, wenn sie die Oberhaut stark schädigen.

➤ Bisswunden können durch Rangordnungskämpfe entstehen. Ein wenig desinfizierende Hautsalbe genügt meist. Überprüfen Sie aber die Gruppenstruktur.

➤ Verbrennungen durch unsachgemäße Installation von Strahlern kommen leider immer wieder vor. Ist die Schädigung gering, genügt etwas Lebertransalbe. Ändern Sie aber dringend die Installation.

➤ Hautnekrosen sind Abszesse, die durch Einschlüsse, aber auch durch Stoffwechselstörungen entstehen können. Sie müssen vom Tierarzt gespalten werden.

➤ Hautpilze und schorfige Wunden werden oft durch falsches Klima im Terrarium begünstigt. Sie sind vom Tierarzt zu behandeln.

57

Adressen

Verbände/Vereine

➤ Deutsche Gesellschaft für Herpetologie und Terrarienkunde e. V. (DGHT), Geschäftsstelle: Wormersdorfer Str. 46–48, 53359 Rheinbach, www.dght.de

➤ Österreichischer Verband für Vivaristik und Ökologie, Landesverband Niederösterreich, Richard Pfister, Langenlebarnerstr. 50, A-3430 Tulln

➤ Verband Deutscher Vereine für Aquarien- und Terrarienkunde e. V. (VDA), Geschäftsstelle: Hans und Ingrid Stiller, Luxemburger Str. 16, 44789 Bochum, www.vda-online.de

Untersuchungsstellen

➤ GeVo Diagnostik, Gesellschaft für medizinische und biologische Untersuchungen mbH, Jakobstr. 65, 70794 Filderstadt, www.gevo-diagnostik.de

➤ Institut für Zoologie, Fischereibiologie und Fischkrankheiten der Tierärztlichen Fakultät LMU München, Kaulbachstraße 37, 80539 München, www.vetmed.uni-muenchen.de/zoofisch

➤ Poliklinik für Vogel- und Reptilienkrankheiten, Universität Leipzig, An den Tierkliniken 17, 04103 Leipzig

Leguane im Internet

Auskünfte speziell zu aktuellen Arten- und Naturschutzfragen
➤ www.bfn.de
Erfahrungsberichte, Verhalten, Tierärzte, Artenschutz, Haltungsvorschriften
➤ www.terraristik.net
➤ www.leguane.de
➤ www.leguanseiten.de
➤ www.bvet.admin.ch
➤ www.reptiles.de

Fragen zur Haltung beantworten

Ihr Zoofachhändler und der Zentralverband Zoologischer Fachbetriebe Deutschlands e. V. (ZZF), Rheinstr. 35, 63225 Langen, Tel. 0 61 03 / 91 07 32 (nur telefonische Auskunft möglich), www.zzf.de

Bücher

➤ Henkel, F.W./Schmidt, W.: Terrarien. Bau und Einrichtung. Ulmer Verlag, Stuttgart
➤ Jes, H.: Das Terrarium. Gräfe und Unzer Verlag, München

Zeitschriften

➤ Datz. Aquarien- und Terrarien-Zeitschrift. Ulmer Verlag, Stuttgart
➤ Salamandra und Elaphe. Zeitschrift für Herpetologie und Terrarienkunde. Hrsg. DGHT (→ Adressen)
➤ Herpetofauna. Zeitschrift für Terrarianer. Herpetofauna Verlag, Weinstadt
➤ Reptilia. Natur und Tier-Verlag, Münster

Dank

Herrn Jörg Schmidt, Fa. Tropen-Welt in Geseke, für die fachliche Beratung bei der Fotoproduktion.

AN UNSERE LESER

➤ Die in diesem Buch beschriebenen elektrischen Geräte für die Terrarienpflege müssen mit dem gültigen TÜV-Zeichen versehen sein.

➤ Beachten Sie bitte die Gefahren im Umgang mit elektrischen Geräten und Leitungen, insbesondere in Verbindung mit Wasser.

➤ Die Anschaffung eines elektronischen Fehlstrom-Überwachungsgerätes oder Fehlstrom-Schutzschalters ist empfehlenswert.

Der Autor

Harald Jes war 26 Jahre Leiter des Kölner Aquariums am Zoo, an dessen Aufbau und Entwicklung er maßgeblich mitgewirkt hat. Er befasst sich seit 50 Jahren mit der Haltung und Vermehrung von Reptilien. Auch als Ausbilder und Prüfer zum Beruf des Tierpflegers war er tätig.

Die Fotografin

Christine Steimer arbeitet als freie Fotografin, spezialisiert auf Heimtierfotografie. Bilder Pur: (Luiz C. Marigo/ Peter Arnold Inc.) S. 32, NAS/ Art Wolfe) S. 26, (NAS/K. B. Sandved) S. 14; Cramm: S. 4/5, 55; Kahl: S. 17 o.re., 41; Kober: S. 18; König: S. 13 mi., 27; Ziehm: Autorenfoto.

Impressum

© 2003 Gräfe und Unzer Verlag GmbH, München. Alle Rechte vorbehalten. Nachdruck, auch auszugsweise, sowie Verbreitung durch Bild, Funk, Fernsehen und Internet, durch fotomechanische Wiedergabe, Tonträger und Datenverarbeitungssysteme jeder Art nur mit schriftlicher Genehmigung des Verlages.

Redaktion: Judith Starck
Lektorat: Angelika Lang
Layout: independent Medien-Design, München
Satz: Uhl + Massopust, Aalen
Produktion: Petra Roth
Repro: Fotolito Longo, Bozen
Druck und Bindung: Kaufmann, Lahr
Printed in Germany
ISBN 3-7742-5768-X

Auflage	4.	3.	2.	1.
Jahr	2006	05	04	03

GRÄFE UND UNZER

Ein Unternehmen der
GANSKE VERLAGSGRUPPE

Das Original mit Garantie

Ihre Meinung ist uns wichtig. Deshalb möchten wir Ihre Kritik, gerne aber auch Ihr Lob erfahren. Um als führender Ratgeberverlag für Sie noch besser zu werden. Darum: Schreiben Sie uns! Wir freuen uns auf Ihre Post und wünschen Ihnen viel Spaß mit Ihrem GU-Ratgeber.

Unsere Garantie: Sollte ein GU-Ratgeber einmal einen Fehler enthalten, schicken Sie uns das Buch mit einem kleinen Hinweis und der Quittung innerhalb von sechs Monaten nach dem Kauf zurück. Wir tauschen Ihnen den GU-Ratgeber gegen einen anderen zum gleichen oder ähnlichen Thema um.

Ihr Gräfe und Unzer Verlag
Redaktion Heimtier
Stichwort: Tierratgeber
Postfach 86 03 25
81630 München
Fax: 0 89/41 98 1-1 13
E-Mail:
leserservice@
graefe-und-unzer.de

> ## GU-Experten-Service

Haben Sie Fragen zu Haltung und Pflege? Dann schreiben Sie uns (bitte Adresse angeben). Unser Experte Harald Jes hilft Ihnen gern weiter. Unsere Adresse finden Sie rechts.

Meine Leguane

➤ **Namen:** _____

So füttere ich sie:

➤ _____

_____

Ihre Lieblingsbeschäftigung:

➤ _____

_____

So wollen sie gepflegt werden:

➤ _____

_____

Das sind ihre Eigenheiten:

➤ _____

_____

Besondere Kennzeichen:

➤ _____

_____

Das ist ihr Tierarzt:

➤ _____

_____

GU TIERRATGEBER

damit es Ihrem Heimtier gut geht

ISBN 3-7742-5765-5
64 Seiten | € 7,90 [D]

ISBN 3-7742-5586-5
64 Seiten | € 7,90 [D]

ISBN 3-7742-5664-0
64 Seiten | € 7,90 [D]

ISBN 3-7742-5588-1
64 Seiten | € 7,90 [D]

ISBN 3-7742-5764-7
64 Seiten | € 7,90 [D]

Tierisch gut! Die Welt der Heimtiere entdecken und alles erfahren, was man schon immer über sie wissen wollte. So klappt das Miteinander von Anfang an – mit Wohlfühl-Garantie fürs Tier.

WEITERE LIEFERBARE TITEL BEI GU:

➤ GU TIERRATGEBER: **Echsen, Das Aquarium, Das Terrarium, Schildkröten, Schlangen, Vogelspinnen**

Änderungen und Irrtum vorbehalten.

Gutgemacht. Gutgelaunt.

WICHTIGE QUARANTÄNE

Auf langen Transportwegen und bei Zwangsaufenthalten unter oft unzureichenden Bedingungen sind die Leguane ständig einem psychischen Druck ausgesetzt, der ihre körperlichen Kräfte zermürbt. Um Erkrankungen vorzubeugen, ist es wichtig, dass die Tiere **in Quarantäne zur Ruhe kommen** und sich wohl fühlen.

Wohlfühl-Garantie für Leguane

RICHTIGE BELEUCHTUNG

Nicht alle Echsen sind so lichthungrig wie Leguane. Allerdings ist nicht jedes Licht optimal. Verwenden Sie **Leuchtstofflampen,** dann sollten sie vom **Typ Warmton** sein. Ihre Farbwiedergabe ist natürlicher als die der weißen Farbtypen. Installieren Sie die Leuchtstofflampen nahezu über die ganze Länge.

NICHT EINZELN HALTEN

Bei allen Bestrebungen, Stressfaktoren auszuschließen, ein **bisschen Stress** muss bleiben. Balzen, Imponieren, Drohen, auch Verfolgung und ein kleiner Kampf gehören zur natürlichen Kommunikation. Deshalb sollten Sie immer **mindestens drei Tiere** halten.

RANGORDNUNG

In einer Gruppe von Leguanen gilt eine Rangordnung, die erkämpft und immer wieder verteidigt wird. Dies sollten Sie bedenken und in eine bestehende Gemeinschaft **kein neues Mitglied** einbringen. Es wird immer das letzte und **schwächste Glied** einer Kette sein.